Was Wanda will

Für meine Kinder

2. Auflage, 2023

© Mixtvision Verlag, 2023
Leopoldstraße 25, 80802 München
www.mixtvision.de
Alle Rechte vorbehalten.
Text: Lena Hach
Sketchnotes: Antonia Christofori
Umschlaggestaltung und Innentypografie: Anke Elbel
Druck und Bindung: GGP Media GmbH, Pößneck

ISBN: 978-3-95854-204-4
Auch als E-Book erhältlich

Lena
Hach

Was
wanda
will

MIXTVISION
Weiter. Erzählen.

HINTERHER kann man viel erzählen. Haben sie auch getan. Was haben sie sich gegenseitig die Hucke vollgelogen. *Natürlich habe ich gewusst, worauf das hinausläuft! Mir war von Anfang an klar, worum es geht!* Unsinn. Wanda hat sie an der Nase herumgeführt. Als es losging, hatte niemand – wirklich niemand – auch nur den Hauch einer Ahnung. Das war Teil des Plans. Und genau deshalb hat er so verdammt gut funktioniert.

erster Teil

PLANUNG

1

»Hast du das verstanden?«

Wanda nickt. Seit einer halben Stunde tut sie nichts anderes. Mit im Schoß gefalteten Händen sitzt sie vor dem breiten Schreibtisch der schmalen Rektorin und nickt. Die Rektorin redet und redet und redet. Sie scheint gar nicht zu merken, dass sie sich nur noch wiederholt. Vielleicht ist es ihr auch egal. Bestimmt sogar. An ihrer Schule herrschen andere Sitten. An ihrer Schule gelten gewisse Regeln. Und die werden auch eingehalten.

»Hast du das verstanden?«

Die Verlockung ist groß. Gerne würde Wanda sagen, dass ihr dieser letzte Teil noch nicht ganz klar geworden ist. Ob die Rektorin wohl so freundlich sein könnte, ihn ein achtundfünfzigstes Mal zu wiederholen?

Doch Wanda beherrscht sich. Gut möglich, dass ihr vom vielen Nicken bald der Kopf abfällt. Was soll's. Wichtig ist, dass die Rektorin ihr glaubt. Dass Wanda sie von ihren besten Absichten überzeugt. Sonst setzt die Rektorin das gesamte Kollegium auf sie an. Dann wird Wanda keine ruhige Minute haben. Dann wird sie nicht mehr aus den Augen gelassen, bei keiner verdammten Hofpause. Das Problem an der Sache: Man kann nicht beobachten, wenn man selbst beobachtet wird.

»Also, ich fasse noch mal zusammen: Mach hier keinen Ärger!«

Wanda sieht der Rektorin direkt in die blitzenden Augen.

»Werde ich nicht«, sagt sie mit fester Stimme.

Einen Moment lang herrscht Stille. Die Ader am Hals der Rektorin zuckt. Direkt daneben ein Muttermal, das sich besser mal eine Ärztin ansehen sollte. Wanda muss an ihren Vater denken. Sie fragt sich, was er der Rektorin wohl erzählt hat. Es steht außer Frage, dass er übertrieben hat. Weil er immer übertreibt, wenn es um Wanda geht.

Viel zu schrill klingelt es zur ersten Stunde; die Rektorin entlässt sie mit einer schnellen Handbewegung. Wanda verabschiedet sich höflich, die Rektorin grunzt. Was sie nicht sieht, gar nicht sehen kann: Als Wanda das Büro verlässt, hat sie ein Schmunzeln im Gesicht.

Ehrensache, dass Wanda hält, was sie verspricht. Hat sie schon immer. Deshalb wird sie diese mittelmäßige Schule nicht aufmischen. Warum auch? Wanda hat andere Pläne – größere. Über genau diese Pläne denkt sie nach, als sie den Jungen entdeckt. Der war vorhin definitiv noch nicht hier, in diesem Rollstuhl mit den grellgrünen Reifen, direkt vor dem Büro der Rektorin. Ohne hinzusehen, lässt er Spielkarten von der einen Hand in die andere wandern – in einem beeindruckenden Tempo. Der Junge wirkt mit dem weißen Hemd und der grauen Schieberkappe wie ein klein geratener Erwachsener. Kann sein, dass er gehört hat, was sie besprochen haben. Was die Rektorin gesprochen hat. Auch egal. »Neu hier?«

Wanda nickt.

»Und schon bei der D-Rex?«

Wanda nickt wieder.

Der Junge zieht anerkennend die Augenbrauen nach oben.

»Lust auf ein Spielchen?«

Wanda zögert keine Sekunde.

»Klar.«

Der Junge grinst breit, zwischen seinen Schneidezähnen ist eine beeindruckende Lücke zu sehen. Da hat er auch schon einen Atlas aus seinem Rucksack gezogen, der kommt als Unterlage auf seine Knie, darauf drei Karten.

»Aufgepasst, hier ist die Königin.«

Der Junge ist nicht schlecht. Er ist sogar richtig gut. Flinke Hände und eine noch schnellere Zunge. Die zweite Person an diesem Tag, die einfach nicht aufhören kann zu reden. Ob er Wanda damit ablenken will? Spielt keine Rolle, denn Wanda ist auch gut. Sehr gut sogar. Sie besitzt ein scharfes Paar Augen. Wanda findet die Königin dreimal hintereinander, gewinnt erst einen, dann zwei, dann drei Euro. Der Junge setzt seine Kappe ab, streicht sich durchs dunkle Haar.

»Und jetzt ein Zehner?«, schlägt er vor.

Wanda hat schon darauf gewartet. Ohne mit der Wimper zu zucken, kramt sie den Schein hervor. Der Junge nickt zufrieden und wirbelt los. Wanda lässt die Königin nicht aus den Augen, keine Sekunde – sie bemerkt sogar den entscheidenden Moment – bis der Junge atemlos innehält.

»Na, wo hat sich unsere Majestät versteckt?«

»Mitte«, sagt Wanda.

Der Junge schnalzt mit der Zunge.

»Wie heißt es so schön?«, triumphiert er. »Knapp daneben ist auch vorbei.«

Während er mit der einen Hand noch die Karten umdreht – die Königin liegt links – schnappt er sich mit der anderen schon den Zehner.

»Wow«, macht Wanda.

»Ach«, der Junge winkt ab. »Das war noch gar nichts.«

Er klingt verdammt zufrieden mit sich und der Welt. Aber auch Wanda macht nicht den Eindruck, als hätte sie gerade ihr restliches Taschengeld verspielt. Unbekümmert spaziert sie über den Flur davon.

»Wir sehen uns«, ruft sie, ohne sich noch einmal umzudrehen.

2

Wanda schaut auf ihren Handrücken. *2.3* steht dort in blauem Fineliner – die Nummer ihres Klassenraums. Da müsste Wanda eigentlich schon seit fünf Minuten sein. Nach einem Blick auf ein Schild an der Wand wird Wanda klar: Sie befindet sich im falschen Gebäude. Als sie gerade durch die Tür und über den Hof gehen will, kommt ihr eine Lehrerin entgegen, die ihrem Outfit nach Sport unterrichtet. Sport und Biologie.

»Es hat längst geklingelt«, sagt die Lehrerin mit tadelndem Unterton.

Wanda seufzt leise. Wo sie auch hinkommt, überall haben Lehrer und Lehrerinnen diese Tendenz, das Offensichtliche zu thematisieren. Und es ist nie eine gute Idee, sie darauf aufmerksam zu machen.

»Bin auf dem Weg«, sagt Wanda freundlich lächelnd. »Hatte mich kurz verirrt.«

Die Lehrerin mustert sie neugierig.

»Ach, du bist die Neue? Wanda –« Nachdenklich legt sie die Stirn in Falten. »Moment, ich komme gleich drauf. Wanda –«

»Fuchsberg, genau«, fällt Wanda ihr ins Wort, woraufhin die Lehrerin einen Moment irritiert scheint.

»Ich heiße wie meine Mutter«, erklärt Wanda.

»Ach so, natürlich«, sagt die Lehrerin bemüht herzlich. »Also. Wo musst du denn hin?«

»In meinen Klassenraum.«

Wanda setzt sich wieder in Bewegung. Sie braucht keine Hilfe, wirklich nicht. Das mag daran liegen, dass Wanda schon ein paar Schulen besucht hat und dass es letztlich immer das gleiche Labyrinth ist, das sie routiniert knackt. Da ist sie auch schon. Neubau, zweite Ebene, dritte Tür, gestrichen in Eitergelb. Wanda greift nach der Türklinke. Mit etwas Glück findet sie gleich hier die richtigen Leute, das wäre praktisch. Sonst vielleicht im Sportkurs oder Spanisch, da mischen sich die Jahrgänge, was von Vorteil ist. Je mehr Leute Wanda kennenlernt, desto eher findet sie die richtigen. Wanda holt tief Luft, dann zieht sie die Tür auf.

3

Eine Doppelstunde später. Wanda stellt sich in die Schlange vor dem Kiosk, um eine Limonade zu kaufen. Vor ihr – was für ein Zufall! – der Typ mit den Kartentricks. Er hat sie noch nicht bemerkt. Als er an der Reihe ist, richtet er sich auf und ordert zwei Schokoriegel und einen Kaffee, schwarz.

Kaffee? Wanda ist sich nicht sicher, ob sie richtig gehört hat. Der Junge ist doch kaum älter als sie. Aber tatsächlich. Der Mann hinter der Theke greift nach der Kaffeekanne, gießt ein. Der Junge zieht sich also nicht nur an wie ein Erwachsener, er ernährt sich auch so. Also, er versucht es zumindest. Denn den ersten Schluck, den er aus der dampfenden Tasse nimmt, spuckt er sofort wieder aus. Der Kaffee war wohl noch zu heiß.

»Zwoeurofuffzich«, verlangt der Mann hinter der Theke.

Der Junge tastet seine Taschen ab. Da Wanda immer noch direkt hinter ihm steht, sieht sie sein Gesicht nicht. Sie kann sich also nur vorstellen, wie er jetzt, in genau diesem Augenblick, den Mund verzieht.

»Momentchen.«

Der Junge stellt die Tasse auf die Theke, holt seinen Rucksack vor seine Brust und beginnt, mit beiden Händen darin herumzukramen. Der Mann verschränkt die Arme, seufzt einmal, zweimal – bis der Junge schließlich aufgibt.

»Dann verzichte ich wohl heute mal auf meinen gepflegten Kaffeeklatsch«, flötet er. Doch so leicht lässt ihn der Mann hinter der Theke nicht davonkommen.

»Nee, mein Lieber. Du hast ja schon davon getrunken.«

»Ich *wollte* trinken«, erwidert der Junge. »Tatsächlich hat kein Koffein den Weg in meine Speiseröhre gefunden. Das ist alles wieder in dieser hübschen Tasse da. Die könnten Sie quasi dem Nächsten hier andrehen.«

Er blickt über seine Schulter und entdeckt Wanda.

»Ich übernehme das«, sagt sie großzügig. »Und für mich bitte eine Limo.«

Wanda zückt ein blaues Portemonnaie.

Dem Jungen fallen fast die Augen aus dem Kopf. Nicht wegen der unerwarteten Einladung oder des satten Trinkgelds, das Wanda jetzt gibt. Nein, es liegt allein an dem Portemonnaie. Es ist seins.

Die beiden sitzen in der Sonne vor der Cafeteria.

»Die Runde geht an dich«, sagt der Junge und nippt an seinem Kaffee, der ihm auch im abgekühlten Zustand nicht richtig zu schmecken scheint. »Also, erzähl, wie hast du das gemacht?«

Wanda zuckt mit den Schultern.

»Genauso wie du mit deinen Karten.« Wanda bemerkt, dass die Antwort nicht genügt. Ihr Gegenüber will es genauer wissen. Also fährt sie fort: »Der Trick ist bewusste Irreführung des Publikums. Dabei wird die Aufmerksamkeit auf eine Sache gelenkt, um von einer anderen abzulenken. In Fachkreisen nennt man das –«

»– Misdirection«, beendet der Junge ihren Satz.

Und damit ist alles gesagt. Eine Weile sitzen die beiden nur da und mustern sich schweigend. Bis plötzlich, wie aus dem Nichts, seine Hand nach vorne schnellt. Offenbar hat er beschlossen, dass es an der Zeit für eine anständige Vorstellung ist.

»Ich bin der Meister«, sagt er.

»Wanda«, sagt Wanda und greift zu.

4

Der Meister gibt Wanda eine Tour durch die Schule. Dafür ist er genau der Richtige. Denn der Meister kennt alle – und alle kennen den Meister. Als sie den Hof durchqueren, stoppen sie immer wieder, weil der Meister hier jemanden begrüßt, dort seine Faust zum Stoß ausstreckt oder dringend einen kleinen Schnack halten muss.

Wanda wird ziemlich schnell klar, wie das hier läuft.

Du brauchst ein Ladekabel?

Frag den Meister.

Dir fehlt die Unterschrift auf einer Entschuldigung?

Geh zum Meister.

Und falls du für Freitagabend schnell noch ein Date brauchst, wer regelt auch das?

Genau. Der Meister.

Sogar ein Referendar wendet sich vertrauensvoll an ihn. Wanda glaubt, nicht richtig zu hören: Der angehende Biolehrer mit den verwaschenen Jeans und den roten Flecken im Gesicht steht vor seinem letzten Unterrichtsbesuch. Nun braucht er dringend einen Rat, wie er die allseits gefürchtete 7b für sich gewinnen kann.

»Die sprengen mir sonst meinen Unterricht«, sagt er, während er seine Hände knetet. »Aber ich lass mir das Examen doch nicht von ein paar Kotzbrocken versauen!« Kaum hat er ausgesprochen, wirft der Referendar einen schnellen Blick zu Wanda. Er scheint zu überlegen, ob sie zu diesen speziellen Kotzbrocken gehört, ob er ihr

Gesicht in seinem Klassenzimmer schon gesehen hat. Bevor der Referendar zu einem Schluss kommt, winkt Wanda ab.

»Keine Sorge«, sagt sie. »8a.«

Erleichtert wendet sich der Referendar wieder dem Meister zu. Der verspricht, sich was einfallen zu lassen.

»Hauptsache, Sie versuchen zwischenzeitlich nicht, die Klasse mit Süßigkeiten zu bestechen.«

»Auf keinen Fall«, der Referendar schüttelt den Kopf. »Die Schokoriegel haben sie mir beim letzten Mal schon nachgeschmissen.« Er fasst sich an die Stirn. »Buchstäblich.«

Kurz vor dem Mittagessen kommt es zu einem vielleicht noch denkwürdigeren Zwischenfall. Als Wanda von den Toiletten zurückkehrt, steht ein älterer Schüler mit glänzender Lederjacke vor ihrem persönlichen Guide. Mit einer Hand stützt er sich an der Mauer ab, einen Fuß hat er vor eines der Lenkräder des Rollstuhls gestellt, so versperrt er dem Meister wie zufällig den Weg. Der schmale Typ ist Wanda schon heute früh auf dem Parkplatz aufgefallen, als er sein Motorrad hat aufheulen lassen. Wanda kommt zu dem Schluss, dass eine gepflegte Unterhaltung zwischen zwei Kumpels anders aussieht. Sie entscheidet sich zu handeln.

»Leute«, ruft sie über den Flur. »Ihr glaubt's nicht! Da draußen hat einer eine Honda umgeschmissen.«

Der Typ, der sich gerade heruntergebeugt hat, um dem Meister etwas ins Ohr zu zischen, blickt auf.

»Dunkelblau?«

»War die mal, würde ich sagen. Aber der Lack ist eindeutig ab.«

Der Typ richtet sich schnaubend auf und zieht ab, um nach dem Rechten zu sehen. Sofort hat der Meister wieder ein Grinsen im Gesicht.

»Hey, Wanda-Amanda«, trällert er und richtet seinen Hemdkragen. »Alles easy?«

Wanda runzelt die Stirn. »Bei mir schon«, sagt sie langsam.

»Genauso wie draußen auf dem Parkplatz, wenn ich mich nicht irre. Das nenn ich mal einen Bluff. Respekt!«

Wanda geht nicht darauf ein.

»Und bei dir?«, fragt sie.

»Was bei mir?«

»Bei dir auch alles ... easy?«

»Easy-breezy«, sagt der Meister, ohne Wanda anzusehen. Er ist viel zu beschäftigt damit, sich unsichtbare Fussel von der Schulter zu schnipsen.

Wanda weiß, dass das nicht stimmt. Sie weiß auch, dass der Meister ihr nicht verraten wird, was wirklich Sache ist. Also muss sie etwas nachforschen. Doch das hat sie sowieso vor.

5

In den nächsten Tagen stellt Wanda immer wieder fest, dass es an der neuen Schule nur so wimmelt vor interessanten Leuten. Oder, besser gesagt: Kandidatinnen und Kandidaten. Um den Überblick zu behalten, macht sich Wanda auf ihrem Tablet immer wieder Notizen. Da ist zum Beispiel Desiree, die mit ihr in die gleiche Klasse geht. Die große, breite Desiree mit ihren vielen Sommersprossen und den ausgeleierten schwarzen Klamotten. Die Ärmel ihrer Oberteile sind so lang gezogen, dass sie den Zweck von Pulswärmern erfüllen könnten. Immer, auch jetzt, kommt Desiree mittags als Letzte in die Cafeteria. Und wie üblich gehen ihr all jene, die noch da sind, aus dem Weg. Ein Grund für Wanda, es nicht zu tun. Sie hat was übrig für einsame Wölfe. Nicht nur, weil Wanda sich selbst dazuzählt. Einzelgänger wissen mehr, als man denkt. Sie können auch mehr, als man denkt. Vielleicht, weil sie keine Leute um sich herum haben, die sie ablenken.

Obwohl Wanda schon gegessen hat, nimmt sie ein Tablett. Sie steuert direkt auf Desiree zu.

»Pasta oder Pizza?«

»Hä?«

Wanda deutet zur Tafel, auf der das Menü des Tages lieblos angepriesen wird.

»Ich hab keine Ahnung, was besser schmeckt.« Wanda hebt beide Hände in die Luft. »Ich bin neu hier.«

»Ach was«, brummt Desiree. Das bringt Wanda für einen Moment aus dem Konzept. Sarkasmus hat bei ihr immer diesen Effekt. Eine Sache, die sie eindeutig ihrem Vater – dem selbst ernannten König des Sarkasmus – zu verdanken hat. Genau wie den unfreiwilligen Schulwechsel mitten im ersten Halbjahr. Desiree schnaubt.

»Es ist klar, dass du neu bist. Sonst würdest du nicht mit mir reden. Mit mir wird nämlich nicht geredet.«

Oh, also doch keine Einzelgängerin. Eine Außenseiterin! Da hätte Wanda früher draufkommen können. Wobei es letztlich keinen großen Unterschied macht. Sie deutet zur Menütafel.

»Also, sag schon, was kannst du empfehlen?«

»Den Döner an der Ecke.«

Desiree streicht sich eine blonde Strähne aus der Stirn und Wanda bemerkt, dass Desirees Handrücken bunt bemalt sind – mit feinen Schnörkeln und verschlungenen Buchstaben. Wanda ist davon so überrascht, von der Farbexplosion zum einen und der Kunstfertigkeit zum anderen, dass sie einen Fehler macht. Einen blöden Fehler, einen richtigen Anfängerfehler: Sie guckt zu lange hin. Das bemerkt natürlich auch Desiree, die nun zwei Dinge tut. Erstens zieht sie die Ärmel schnell wieder bis zu ihren Fingerknöcheln. Zweitens, sie haut ab. Und Letzteres ist besonders bedauerlich.

Wanda blickt Desiree eine Weile hinterher, dann nimmt sie sich einen Schokopudding aus der Vitrine. Nachtisch geht immer.

»Du kannst es nicht wissen«, sagt da eine helle Stimme hinter ihr. »Aber der gehen wir aus dem Weg.«

»Wer, wir?«, fragt Wanda und dreht sich um. Dort stehen zwei Mädchen. Die größere von den beiden könnte direkt von einem Mode-Shooting kommen. Von den Schuhen bis zum Kopftuch ist sie perfekt farblich abgestimmt.

»Wir alle«, sagt das Mädchen und senkt ihre Stimme. »Desiree ist ... gewalttätig.«

Ihre Freundin nickt so begeistert, dass ihr beinahe der gelbe Haarreif vom Kopf rutscht. Und dann erfährt Wanda, dass Desiree im letzten Schuljahr einen ganzen Monat suspendiert war, weil sie erst Oleg Holzer und dann irgendeinem Andre oder Andreas – hier gehen die Meinungen auseinander – auf den Kopf gehauen hat.

»Einfach so, bums, mit der Faust rauf auf den Schädel«, erklärt das größere Mädchen, während das andere zu Demonstrationszwecken in die Luft schlägt.

»Bums«, wiederholt Wanda nicht unbeeindruckt.

»Die sind zusammengesunken wie dein Soufflé da.«

»Das ist Schokopudding«, erklärt Wanda.

Ihr Gegenüber zieht die Augenbrauen zusammen. Offenbar ist sie es nicht gewohnt, dass man ihr widerspricht.

»Ich mein ja nur«, sagt sie. »Nicht, dass du hinterher behauptest, dich hätte keiner gewarnt.«

Wanda will etwas fragen, doch bevor sie auch nur den Mund aufmacht, kommt es an einem der Tische hinter ihnen zum Tumult.

6

»Das Schwein hat mir auf die Hose geblutet!«

»Iiih, das geht bestimmt nie wieder raus!«

Zwei, drei Leute springen auf und verlassen flucht-artig ihren Platz.

Wanda reckt den Hals, sie will das Schwein sehen.

»Schulze«, stellen die zwei Mädchen ihr gegenüber gleichzeitig fest. »Wer auch sonst.«

Schulze ist ein blasser Junge mit kinnlangem Haar, dem es rot aus der Nase läuft. Der Junge schielt hoch, zum Tisch nebenan. Dort sitzt ein Mädchen mit blauer Brille, kurzem Afro und *Save the planet*-Button am Re-vers. Weil das Mädchen seelenruhig weiterisst, bleibt auch Schulze entspannt. Er reißt ein Stück von seiner Serviette ab, rollt sie mit geübten Händen zusammen und schiebt sich das Röllchen tief ins linke Nasenloch. Dann schaufelt er weiter Nudeln in sich hinein. Sein Blick ist wieder stur auf das Handy neben dem Teller gerichtet, auf dem er irgendein Spiel zockt. Wanda ist fasziniert. Dieser Schulze ist ihr bislang noch gar nicht aufgefallen – bis er zu bluten begonnen hat. Das hat Potenzial.

Wanda versucht, dem unauffälligen Schulze unauf-fällig zu folgen. Doch das ist gar nicht so einfach. Um nicht zu sagen: unmöglich. Denn kaum hat Schulze die Cafeteria verlassen, ist er auch schon im allgemeinen Ge-wusel abgetaucht. Wanda schwingt sich auf den Sockel des Treppengeländers, um einen besseren Überblick zu haben. Aber Schulze ist und bleibt verschwunden. Das ist ärgerlich und großartig zugleich. Denn es macht klar: Ein Typ wie Schulze fehlt Wanda noch.

Lange kann Wanda nicht darüber nachdenken. Jemand versetzt ihr einen harten Stoß und es gelingt ihr nur mit Mühe, sich am Geländer festzuhalten.

»Pass doch auf«, schnauzt sie dem breiten Typen mit den pink gefärbten Haaren hinterher, der sich da so rücksichtslos an ihr vorbeigedrängelt hat und jetzt amüsiert stehen bleibt.

»Sprichst du mit mir?«

»Nein, mit deinem Ego«, gibt Wanda zurück. »Falls ihr es noch nicht gemerkt habt: Hier sind noch andere als ihr zwei!«

»Nichts für ungut«, sagt der Junge, dem Wandas Antwort sichtlich gefällt. Er denkt kurz nach, dann zieht er einen zermatschten Schokoriegel aus seiner Hosentasche und drückt ihn Wanda in die Hand.

»Was ist das?«, fragt sie irritiert.

Der Junge schaut auf seine lackierten Nägel.

»Meerblau.«

»Nee«, Wanda wedelt mit dem Schokoriegel in der Luft herum. »Ich meine das da.«

»Oh, das ist ein Snickers.«

»Und was soll ich damit?«

Wanda weiß sehr wohl, dass sie unfreundlicher ist als nötig.

Zu ihrer Entschuldigung muss man jedoch sagen, dass ihr der Schreck noch mächtig in den Knochen sitzt. Zudem fuchst es Wanda, dass sie so ins Straucheln gekommen ist. So etwas darf nicht passieren. Unter gar keinen Umständen darf so etwas passieren. Der Junge zuckt mit den Schultern.

»Mir egal, was du mit dem Riegel machst«, sagt er. »Du kannst ihn essen oder eine Lehrkraft deiner Wahl damit bewerfen.« Er setzt sich wieder in Bewegung. »Letzteres ist hier so eine Art Sport geworden.«

7

Als Wanda erfährt, dass die nächste Stunde ausfällt, weil der Musiklehrer angeblich eine Panikattacke hatte, beschließt sie, einen spontanen Ausflug ins Untergeschoss zu machen. Vielleicht findet Wanda hier ja den perfekten Ort. Denn sie braucht einen Raum, in den sie einladen kann. In dem sie und ihr zukünftiges Team ganz und gar ungestört sind.

Wanda geht von Tür zu Tür, doch alle sind verschlossen. Es ist fast unheimlich, wie ruhig es hier unten ist und … sauber! Es hat sich nicht mal jemand die Mühe gemacht, die Wände zu beschmieren. Wanda will schon kehrtmachen, da ertönt auf einmal dieser Lärm. Kreischend und ohrenbetäubend laut, fährt er ihr bis ins Mark. Einen Moment ist Wanda wie erstarrt, dann schleicht sich ein Lächeln auf ihr Gesicht. *U.12 / Werkraum* steht auf dem kleinen Schild neben der Tür, aus der die Geräusche kommen. Die, bei genauerer Überlegung, nicht nur verstörend, sondern mindestens ebenso vielversprechend klingen. Neugierig geworden, presst Wanda ihr Ohr an das Türblatt. Dahinter wird zweifellos gearbeitet. Aber wer tut das? Und womit? Es fällt ihr schwer, sich zu beherrschen. Am liebsten würde Wanda die Tür natürlich aufziehen. Aber es erscheint ihr klüger, das nicht zu tun. Schließlich weiß sie nicht, wer dahinter arbeitet. Wenn sie Pech hat, ist es der Hausmeister. Hausmeister können problematisch sein. Ist das eine

Kreissäge? Wanda macht sich eine Gedankennotiz, über Werkzeuge und deren Verwendung zu recherchieren, dann begibt sie sich wieder auf den Weg nach oben. Sie nimmt zwei Stufen auf einmal, dabei steht ihr die Zufriedenheit ins Gesicht geschrieben. Manchmal findet man etwas anderes als das, was man sucht. Aber das macht die ganze Angelegenheit nicht weniger erfolgreich.

8

»Na, wie war der Ausflug in die Unterwelt?«

Auf dem Treppenabsatz wird Wanda vom Meister empfangen. Er wartet auf den Aufzug. Verheißungsvoll glänzend liegt der Schlüssel dafür in seiner rechten Hand. Der Meister macht einen müden Eindruck, darüber täuscht auch sein locker-flockiges Lächeln nicht hinweg.

»Aufschlussreich.«

»Aufschlussreich«, wiederholt der Meister mit einem langsamen Nicken. Die Aufzugstüren gehen auf und schließen sich wieder. Doch davon lässt der Meister sich nicht stören. Wo er ursprünglich hinwollte, scheint nicht mehr wichtig. Wanda setzt sich ihm gegenüber auf die Stufen und pflückt die Spielkarten aus seiner Brusttasche. Sie beginnt, die Karten zu mischen. Nicht ganz so flink wie der Meister persönlich, aber sie ist ja auch abgelenkt. Ihr schwebt eine wichtige Frage im Kopf herum.

»Sag mal«, setzt sie schließlich an. »Ist das –«

»Leider nein.«

Wanda sieht irritiert auf.

»Du weißt doch gar nicht, was ich fragen wollte.«

Der Meister schiebt seine Kappe zurück.

»Stimmt«, gibt er zu. »Aber ein Generalschlüssel ist das trotzdem nicht.«

Für einen Moment – einen ganz kurzen Moment – bleibt Wanda der Mund offen stehen. Dann hat sie sich auch schon wieder gefangen.

»Du kannst also Gedanken lesen«, stellt sie fest.

Der Meister grinst.

»Eine meiner vielen ungeahnten Fähigkeiten.« Er schnalzt mit der Zunge. »Vielleicht habe ich aber auch nur *geahnt,* was dich interessiert. Weil es zufälligerweise das Erste war, das ich ausprobiert habe, nachdem die D-Rex mir den Schlüssel ausgehändigt hat.«

»Du hast von dir auf mich geschlossen?«

Der Meister nimmt Wanda die Karten aus der Hand. »Hast du es noch nicht gemerkt, Wanda-Amanda?«, fragt er. »Du und ich, wir sind aus dem gleichen Holz geschnitzt.«

Natürlich hat Wanda das schon gemerkt. Und sie weiß auch, was es bedeutet: Es macht ihr Vorhaben einfacher und schwieriger zugleich. Weil es nun jemanden gibt, der sie durchschauen könnte. Trotzdem führt am Meister kein Weg vorbei. Es wäre einfach schade, ihn nicht dabeizuhaben. Um nicht zu sagen: eine riesige Dummheit. Er ist zwar nicht in ihrem Jahrgang, sondern eine Klasse darüber. Aber warum sollte Wanda sich bei ihrer Suche auf Leute ihres Alters beschränken?

»Wo willst du denn rein?«, reißt der Meister Wanda aus ihren Gedanken. Gute Frage, denkt sie. Eigentlich gibt es darauf nur eine Antwort. Aber die würde momentan noch zu weit führen. Außerdem meint der Meister natürlich die Räume hier in der Schule – auch wenn die für Wanda letztlich nicht mehr als Zwischenstationen sind.

»Ich hätte mir gerne mal ungestört den Werkraum angeguckt«, sagt sie schulterzuckend.

»Den Werkraum?« Der Meister runzelt nachdenklich die Stirn. »Ach, du meinst Lynns Atelier!«

»Wie bitte, was?«

Der Meister seufzt.

»Lynn ist hier die Künstlerin. Mit ihren Installationen sorgt sie regelmäßig für Aufregung. Das letzte Mal waren es hunderttausend Fäden, die sie über Nacht in der Cafeteria gespannt hat. Das war irgendein gesellschaftskritischer Kommentar, den ich nicht verstanden habe. Seit Anfang des Jahres hat Lynn im Schulkeller ein Kabuff, um sich auszutoben. Hab allerdings schon länger kein neues Werk mehr von ihr gesehen. Was seltsam ist. Denn eigentlich macht Lynn nur das. Für alles andere interessiert sie sich einen feuchten Dreck.«

Der Meister schnappt nach Luft.

»War das gerade ein Monolog?«, fragt er. »Mein Mund ist ganz trocken.«

»Das war ein krasser Monolog«, bestätigt Wanda.

»Und äh, klang der sehr nach verbittertem Ex?«

Der Meister verzieht das Gesicht. »Ich frage für einen Freund.«

»Ein bisschen schon«, gibt Wanda zu.

»Dachte ich mir.« Der Meister seufzt. »Daran muss ich definitiv noch arbeiten.«

Wanda ist kurz davor, ihm tröstend die Schulter zu tätscheln. Aber so gut kennen sie sich dann doch noch nicht. Obwohl sie in der kurzen Zeit schon viel über ihn in Erfahrung gebracht hat. So unglaublich es auch ist: Wandas Nachforschungen haben ergeben, dass es Leute gibt, die dem Meister wehtun wollen, weil sie eine Rechnung mit ihm offen haben. Doch wenn Wandas Plan aufgeht – und er muss einfach aufgehen! – wird es dazu gar nicht erst kommen.

Nicht zuletzt deshalb fragt Wanda den Meister jetzt, ob er sie mit seiner Ex-Freundin bekannt machen kann.

»Schwierig«, meint der Meister. »Zumindest nicht im echten Leben. Digital geht aber.«

Er zückt sein Handy und beginnt, darauf herumzutippen.

»Darf ich vorstellen? Wanda, Lynn. Lynn, Wanda.« Mit diesen Worten hält er Wanda das Display vor die Nase. Darauf ein Pärchenbild: hinten der Meister und vorne, auf seinem Schoß, ein extrem gut gelauntes Mädchen, das Wanda aus der Cafeteria kennt. Das blaue Brillengestell ist noch das gleiche, auch hat sie einen bunten Button am Revers, allerdings trägt das Mädchen auf dem Foto statt des Afros eine schulterlange Flechtfrisur. Wanda schließt daraus, dass die Beziehung der beiden schon etwas her ist. Das sollte also kein allzu großes Problem darstellen … eigentlich.

9

Ein paar Tage später, nach einer Doppelstunde Mathe, versucht Wanda erneut, mit Desiree ins Gespräch zu kommen. Diese lungert in der Nähe des Schwarzen Bretts herum, auf dem Nachhilfestunden und ausrangierte Schulbücher angeboten werden. Neu ist ein hellblaues Plakat, mit dem die Theater-AG um neue Mitstreiter wirbt.

»Mitstreiter«, überlegt Wanda laut. »Was ist das überhaupt für ein bescheuertes Wort? Davon mal abgesehen, was ist eigentlich mit neuen Mitstreiterinnen?«

Desiree fühlt sich nicht angesprochen, sie dreht sich nicht einmal um. Allerdings kann Wanda ziemlich hartnäckig sein. Sie streckt sich, um dem weitaus größeren Mädchen auf die Schulter zu tippen. Desiree zuckt zusammen und wirbelt herum. Offenbar ist sie es nicht gewohnt, angetippt zu werden. Als sie Wanda sieht, verdunkelt sich ihr Blick.

»Hör zu«, brummt sie. »Ich hab's geschnallt. Du bist neu. Du suchst eine Freundin. Das Problem ist aber: Ich suche keine.«

Wanda legt den Kopf schief.

»Was suchst du denn?«

»Ich suche gar nichts!«

»Ach, komm schon. Wir alle suchen doch etwas.«

»Die Weltformel«, blafft Desiree. »Ich suche die Weltformel, okay?«

»Ehrgeizig.« Wanda nickt anerkennend. »Das gefällt mir. Ich für meinen Teil suche den Erdbeer-Radiergummi, den mir irgendein Arsch am ersten Schultag geklaut hat.«

Mit einem Schnauben wendet Desiree sich wieder dem Schwarzen Brett zu.

»Vielleicht ist das was für dich«, nimmt Wanda den Faden nach einer Weile wieder auf. Sie deutet auf das Plakat der Theater-AG.

»Ja, klar, ich mach mich als Julia zum Trottel. *O Romeo, Romeo! Warum bist du Romeo?*« Desiree schüttelt den Kopf. »Geh doch selbst hin.«

Wanda verzieht das Gesicht.

»Ich bin nicht so der Typ für AGs«, sagt sie. »Ich stell lieber mein eigenes Ding auf die Beine.«

»Ich stell am liebsten gar nichts auf die Beine«, murmelt Desiree.

Eine Weile sagt niemand was. Bis Wanda sich für einen mutigen Vorstoß entscheidet.

»Vielleicht ist Bühnenbild was für dich?«

»Wie kommst du denn da drauf?«

Wanda zuckt mit den Schultern, was Desiree, die weiter geradeaus starrt, allerdings nicht sehen kann.

»Ich meine, weil du so gut zeichnen kannst.«

»Woher –«, Desiree bricht ab. »Ich kann nicht zeichnen.«

Wanda belässt es dabei. Vorerst.

10

In anderer Hinsicht kommt Wanda einen entscheidenden Schritt weiter: Im Sportkurs lernt sie Kai kennen. Den umschwärmtesten Jungen der Schule. Manche würden sagen: den attraktivsten. Sportlichsten. Bestangezogenen. Fest steht, dass Kai nur teure Klamotten trägt. Von den Schuhen bis zur Basecap, die er übrigens auch jetzt nicht absetzt. Wanda nimmt es zur Kenntnis, wie sie alles zur Kenntnis nimmt, aber sie lässt sich davon nicht beeindrucken. Aktuell ist etwas anderes sowieso viel wichtiger: Wanda ist es soeben als Einziger gelungen, an einem Seil bis zur Hallendecke zu klettern. Grund genug für Kai, übertrieben langsam in die Hände zu klatschen. Seine Fans lachen. Denn natürlich hat er Fans; alle Stars haben welche. Kai gilt als sportliches Ausnahmetalent, ihm wird eine große Karriere in Leichtathletik prophezeit. Dass er die letzten Tage gefehlt hat, ist passenderweise auf eine Sportverletzung zurückzuführen. Gleich zu Beginn der Stunde hat Kai ein Attest ausgepackt: irgendwas Kompliziertes mit dem Knöchel, weshalb er Schwierigkeiten bei Belastung hat und sich noch etwas schonen soll. Der Sportlehrer hat den offiziellen Schrieb anstandslos zur Kenntnis genommen, doch Wanda ist skeptisch. Denn sie hat bemerkt: Mal humpelt das Sport-Ass mit links, mal mit rechts. Davon abgesehen, traut Wanda grundsätzlich keiner Bescheinigung, die sie nicht selbst gefälscht hat.

»Neu hier, aber gleich hoch hinauswollen, was?«, ruft Kai Wanda zu. Ein mittellustiger Spruch, der unverhältnismäßig großen Beifall hervorruft. Wenn der Typ nur wüsste, wie hoch hinaus Wanda will! Höher als hoch. Zwischen den Verstrebungen an der Hallendecke klaubt sie einen roten Schaumstoffball hervor, der von unten nicht einmal zu erahnen war. Ohne Ankündigung wirft Wanda den Ball zu Kai. Er duckt sich, doch zu langsam: Der Ball haut ihm die Kappe vom Kopf.

11

Die nächsten Tage verbringt Wanda damit, Informationen zu beschaffen. Sie beobachtet viel, unterhält sich noch mehr – und ganz vielleicht leiht sie sich drei, vier Schülerakten. Die Akte von »Zhang-Neumann, Kai« ist eher dünn. Aber – und das ist das Wichtigste – sie enthält seine Adresse. Die konnte Wanda bislang niemand sagen, nicht einmal der Meister. Neugierig geworden, was das bedeutet, verliert Wanda keine weitere Zeit. Sie schwänzt Physik, um in einen Bus zu steigen, der sie ans andere Ende der Stadt bringt. Und hier, in einer Gegend, in der Wanda noch nie war, stellt sie fest, dass Kai, der Junge mit den schicksten Klamotten, in einem vergleichsweise tristen Hochhaus wohnt.

Rechtzeitig zur letzten Stunde kreuzt Wanda wieder in der Schule auf. Sie will gerade durchs Tor verschwinden, als sie von einem Mädchen und einem Jungen aufgehalten wird, die lässig am Zaun lehnen.

»Hey, du!«, ruft der Junge und spuckt auf den Boden. »Bleib mal stehen.«

Wanda kennt so Leute, die sich mal eben aufspielen müssen – wahrscheinlich aus reiner Langeweile. Sie bleibt gelassen. »Was gibt's?«, fragt sie und betrachtet die beiden genauer. Der Junge mit den schlechten Manieren und das Mädchen mit der Zahnspange kommen ihr vage bekannt vor; wahrscheinlich sind sie im gleichen Sportkurs.

»Du bist die Neue, oder?«

»Die neue was?«, gibt Wanda zurück. »Vertretungs-lehrerin? Praktikantin? Kaffeemaschine?«

»Die Neue aus der 8a.«

»Kann schon sein«, sagt Wanda ausweichend. »Ich hab es nicht so mit diesen Ziffern-Buchstaben-Kombis. An meiner alten Schule war ich in der Häschenklasse.«

Das ist eine glatte Lüge. Das mit den Häschen und das mit der Kombination von Buchstaben und Ziffern. Zu Hause hat Wanda jedes ihrer Geräte mit einer komplizierten Aneinanderreihung von Ziffern, Buchstaben und Sonderzeichen geschützt. Nachdem es erst kürzlich zu einem folgenreichen Eingriff in ihre Privatsphäre kam – beteiligt waren ein Vater und ein Tagebuch – musste Wanda auf Nummer sicher gehen.

»Hallo?«, reißt das Mädchen sie aus ihren Gedanken. »Wir haben dich was gefragt.«

Wanda versucht ein Lächeln.

»Was denn?«

»Wir wollten wissen, wo du herkommst.«

Wanda verlagert ihr Gewicht von einem Bein auf das andere.

»Woher kommen wir? Wohin gehen wir? Ihr stellt echt die ganz großen Fragen des Lebens.«

Der Junge zupft das Mädchen an der Kapuzenjacke.

»Die ist seltsam«, stellt er fest.

Das Mädchen nickt.

»Du bist seltsam«, wiederholt es etwas lauter.

Doch Wanda zuckt nur mit den Schultern.

»Genau das sagt mein Vater auch immer.«

Nach der Begegnung ist Wanda klar, dass sie aufpassen muss. Egal, wie langweilig sie sich gibt, wie uninteressant oder uninteressiert – sie fällt auf. Wanda wird beäugt, aus einem ganz einfachen Grund: Sie ist die Neue. Und die Leute hier wollen wissen, mit wem sie es zu tun haben. Verständlich. Allerdings ist Wanda noch nicht bereit, Licht in dieses Dunkel zu bringen. Das könnte alles aufs Spiel setzen.

12

Schulze ist eine Herausforderung. Es ist und bleibt ein schieres Ding der Unmöglichkeit, ihn aufzutreiben. Ganz anders Lynn. Sie ist nicht zu übersehen, denn es gibt keine andere Schülerin, die ständig irgendwelchen Kram über den Schulhof schleppt.

Es ist nicht nur massig Zeug, es ist auch absurdes Zeug: der Schirm einer Stehlampe, ein Sattel, eine Federboa. Falls es bei ihrem aktuellen Projekt ein übergeordnetes Thema gibt, kann Wanda es nicht erkennen.

»Typisch Künstlerin«, murmelt der Meister, als Lynn wieder einmal völlig in Gedanken versunken an ihrer Bank vorbeistapft – mit einem Hirschgeweih unter dem Arm; dicht gefolgt von Schulze, der überall hinguckt, nur nicht in Lynns Richtung.

»Alles muss immer ausgefallener werden, größer, schockiger.«

Der Meister versucht, es spöttisch klingen zu lassen – mit mäßigem Erfolg. Mechanisch tätschelt Wanda seine Schulter. Denn ihr ist gerade klar geworden: Da, wo Lynn ist, befindet sich auch Schulze. Natürlich nicht direkt bei ihr, aber er geistert immer in ihrer Peripherie herum. Wanda zählt eins und eins zusammen und ist wieder einen Schritt weiter.

13

Lynn ist zwar immer irgendwie da. Aber dennoch ist es nicht leicht, mehr über sie herauszubekommen. Auch aus ihrer Akte erfährt Wanda nichts Neues: Dort steht, dass Lynn ausgeprägte künstlerische Ambitionen hat und, um diese zu verfolgen, auch mal gegen die Schulordnung verstößt. Beziehungsweise verstoßen hat. Das kommt Wanda gelegen. Um Lynn besser einschätzen zu können, entscheidet sich Wanda zu einer ungewöhnlichen Maßnahme. Sie bricht in das Atelier im Keller ein. Wobei »Einbruch« vielleicht ein zu großes Wort ist. Schließlich war die Tür nicht abgeschlossen, weil der Raum wegen eines Feueralarms in der Pause von seiner einzigen Nutzerin »ruhig, aber zügig« verlassen wurde.

An diese Vorgabe halten sich auch die anderen 989 Schüler und Schülerinnen, die sich nach und nach auf den festgelegten Sammelplätzen einfinden. Wanda kann nur hoffen, dass sich niemand über ihr Fehlen wundert. Fest steht jedenfalls, dass sie nicht viel Zeit hat. Hektisch, wie es sonst nicht ihre Art ist, lässt Wanda den Blick durch den Werkraum schweifen. Sie entdeckt jede Menge Werkzeug – was gut ist – aber keinen Rucksack – was schlecht ist. Lynn muss ihn mitgenommen haben, als sie den Raum verlassen hat. Damit hat Wanda nicht gerechnet. An ihrer alten Schule bekamen sie eingetrichtert, im Fall des Falles die Schulsachen immer und ausnahmslos zurückzulassen. Auch sonst findet Wanda nichts Aufschlussreiches, keine Blätter mit Zeichnungen, keine Notizen über das geplante Werk – nichts! Selbst der Papierkorb ist leer. Lynn hat zwar einen beeindruckenden Haufen an Materialien zusammengetragen, doch sie sind allesamt unberührt. Das Hirschgeweih lehnt in der Ecke neben dem alten Lampenschirm und einem angestaubten Fernsehapparat, über den sich eine Lichterkette windet. Und die vielen zerschnittenen Holzteile auf dem Boden sind Abfall, nichts weiter. Es lässt sich gar nicht anders sagen: Das war ein Reinfall. Der Aufwand, das Risiko ... alles umsonst!

Als Wanda Schritte auf dem Gang hört, macht sie, dass sie wegkommt. Weder will sie in Lynns Atelier erwischt werden – noch in der Nähe des Brandmelders. Sie geht an dem kleinen roten Kasten mit der eingeschlagenen Scheibe vorbei und greift nach ihrem schmerzenden Ellenbogen. Glas ist verdammt hart.

14

Als Wanda und der Meister kurz darauf in ihrem Wahl-
fach Spanisch sitzen – der einzige Unterricht, den sie
gemeinsam haben –, zischt er ihr sofort zu: »Bevor du
fragst, Wanda-Amanda«, flüstert der Meister. »Ich hab
nicht auf den roten Knopf gedrückt.«

»Ich weiß«, sagt Wanda nur.

Der Meister wirft ihr einen schnellen Seitenblick zu.
»Du weißt es?«

»Zu 100 Prozent.«

»Aber wie kannst du –« Wanda kann geradezu sehen,
wie es bei ihm klick macht. »Ah, verstehe. Na, du wirst
schon einen guten Grund gehabt haben.«

»Den habe ich immer«, sagt Wanda.

15

Reiner Zufall bringt in Bezug auf Lynn schließlich den entscheidenden Durchbruch. Nach einem Wochenende, das Wanda lieber in der Schule als zu Hause verbracht hätte, begegnet ihr im Pausenhof Lynn – mit Schweißhelm vorm Gesicht. Lynn schleppt so viel Zeug – Papprollen, einen Reifen, die obere Hälfte einer Schaufensterpuppe –, dass sie gar nicht merkt, wie ihr ein Buch unterm Arm durchrutscht. Das ist die Gelegenheit. Mit zwei Schritten ist Wanda an Ort und Stelle und hebt das Buch auf. Sie will schon nach Lynn rufen, da fällt ihr Blick auf den Titel: *Warten auf den Musenkuss – wenn Kunstschaffende nicht weiterkommen.*

Wanda geht ein Licht auf. Lynn hat eine Schaffenskrise! Die fehlenden Skizzen, die vielen ungenutzten und zusammenhanglosen Materialien – alles ergibt auf einmal Sinn. In Wandas Hinterkopf beginnt sich eine Idee zu formen …

Noch in der ersten großen Pause entwirft Wanda auf ihrem Tablet einen Flyer mit wohlüberlegtem Text, den sie im Copyshop gegenüber auf knallgelbes Papier drucken lässt. Und diesen Zettel schiebt sie keine Viertelstunde später unter Lynns Ateliertür durch.

16

Zwei Wochen später ist es so weit. Im Abstellraum der Fachschaft Musik treffen sie am Freitag nach Unterrichtsschluss aufeinander. Fünf Schüler und Schülerinnen, die unterschiedlicher kaum sein könnten. Plus Wanda. Der Raum ist nicht ideal, eher das genaue Gegenteil: Er ist eng, überall stehen kaputte Musikinstrumente herum. Dazu Kleiderständer mit angestaubten Kostümen von irgendwelchen Musicals und Kisten mit massig CDs und DVDs, die man längst aussortieren könnte. Aber es ist der einzige Raum, der nicht abgeschlossen war.

Der Meister kreuzt zuletzt auf.

»Woah«, macht er in Anbetracht der unüblichen Kombination von Zeitgenossen und stoppt noch auf der Schwelle. Seine Pupillen flitzen von links nach rechts, bei Lynn bleiben sie kurz hängen. »Was ist denn hier los?«, spricht der Meister die Frage aus, die in diesem Moment wohl allen im Kopf herumschwebt.

Die fünf schauen sich ratlos an. Es ist ziemlich klar, dass niemand von ihnen eine Antwort hat. Wie sie sich auch sonst im Leben nichts zu sagen haben. Von der ein oder anderen Beleidigung natürlich abgesehen.

»Ey, Desiree«, ruft Kai prompt und schiebt cool die Ärmel seines edlen Sweatshirts zurück. »Ist das hier deine private Kleiderkammer? Das würde ja so einiges erklären.«

Wanda schaut zu Desiree, die Kais Kommentar freund-licherweise ignoriert. Schulze hingegen bläht aufgeregt seine Nasenflügel.

»Jetzt mal im Ernst«, ergreift Kai schon wieder das Wort. Offenbar hat er entschieden, die Sache in die Hand zu nehmen. Er ist es gewohnt. »Von euch ist doch keiner wegen dem Wettkampf hier?«

Lynn, die an der Wand lehnt, schüttelt den Kopf.

»Ich dachte, hier geht's ums Erlernen von Kreativi-tätstechniken.«

»Na klar«, murmelt der Meister, der auf das Sofa in der Ecke gerutscht ist. Jetzt nimmt er auch seine Kappe ab. Offenbar hat er beschlossen, es sich hier so richtig gemütlich zu machen.

Unbeeindruckt kramt Lynn einen gelben Zettel aus ihrem Rucksack.

»*99 Kreativitätstechniken. Ein Workshop für alle, die innovativ arbeiten wollen.*« Schulze, der sich Lynn un-bemerkt nähert, blickt über ihre Schulter. Doch da hat Lynn den Zettel auch schon weggesteckt und Schulze bleibt nichts anderes übrig, als wieder abzurücken.

»Klare Verarsche«, murmelt Desiree auf dem Weg in Richtung Tür.

»Wieso bist du denn hier?«, fragt der Meister. Desiree knurrt etwas Unverständliches, bleibt aber stehen. »Ah, verstehe«, sagt der Meister und nickt wissend. »Anti-Aggressions-Training. Wichtige Sache.«

Noch während er spricht, geht der Meister hinter ei-nem Kissen in Deckung. Dafür kriegt er Lacher. Aber Desiree lässt ihre Faust bei sich.

»Und du?«, fragt sie zurück. »Warum bist *du* hier?«

Der Meister wackelt mit den Augenbrauen.

»Ich muss nachsitzen und soll hier im Gerümpel die CDs sortieren. Damit ich die Zeit *sinnvoll* verbringe.« Bei den letzten Worten zeichnet der Meister mit den Fingern Anführungszeichen in die Luft.

»Was hast du denn verbrochen?«, will Kai wissen.

Der Meister verzieht den Mund.

»Uh«, macht er und kratzt sich im Nacken. »Wenn ich genau überlege ... nichts. Ich war den ganzen Tag brav wie ein Lamm. Die Nachsitz-Anweisung der D-Rex hat mich über Umwege erreicht. Ich hab das gar nicht weiter infrage gestellt.«

»Weil es eigentlich nichts Neues ist«, vermutet Desiree.

»Genau.«

Der Meister grinst stolz.

»Jetzt, sehr verehrte Mitschülerinnen und Mitschüler, frage ich mich allerdings, was dahintersteckt. Oder wer.« Er sieht zu Wanda. Die Einzige, die bisher noch nichts gesagt hat. Von Schulze einmal abgesehen, aber der hält immer die Klappe. Als Wanda den Blick des Meisters erwidert, zieht er eine Augenbraue nach oben. Eine kaum merkliche Bewegung, doch Wanda versteht die Frage, die darin steckt.

Sie nickt, holt tief Luft – und dann erzählt sie endlich, was Sache ist.

17

»Ich habe euch hierher eingeladen, um –«

Weiter kommt Wanda nicht, weil lauter Protest einsetzt.

»*Eingeladen?* Hast du Geburtstag oder was?«

»Wo ist der Kuchen?«

»Und das Konfetti?«

»Das nenn ich mal 'ne super Einladung!«, bemerkt Kai. »Wie wäre es mit: unter falschen Vorwänden hergelockt?«

»Also, hab ich das richtig verstanden«, fragt Lynn irritiert. »Es gibt gar keinen Kreativitäts-Workshop?«

Der Meister stöhnt auf.

»Nein, Lynn. Es gibt keinen Kreativitäts-Workshop. Und weißt du auch, warum? Weil Kunst Zeitverschwendung ist.«

Kurz macht es den Anschein, als wolle Lynn etwas erwidern, aber dann überlegt sie es sich doch anders.

»Klare Verarsche«, murmelt Desiree immer wieder – und immer lauter.

Der Meister hebt beschwichtigend beide Hände.

»Werte … äh … Lebewesen«, sagt er. »Jetzt lasst Wanda doch bitte mal ausreden.«

»Oh, du weißt also schon, wie die Neue heißt«, stellt Kai mit anzüglichem Tonfall fest. »Wie kommt's?«

Lynn sieht wieder auf, dieses Mal richtet sie ihren Blick auf Wanda, die jedoch nur mit den Schultern zuckt.

»Das könntest du auch wissen«, sagt Wanda zu Kai. »Weil *die Neue* mit dir Sport hat.«

Das bringt Kai zumindest für einen Moment aus dem Konzept. Nur dunkel scheint er sich an das Mädchen zu erinnern, das zur Turnhallendecke geklettert ist. Egal, denn Wanda nutzt die Gelegenheit, um wieder zu ihrem Thema zurückzukommen.

»Wollt ihr die kurze Erklärung oder die lange?«, fragt sie in die Runde.

»Die kurze.«

»Die mega kurze!«

Das erhält allgemeine Zustimmung.

»Okay«, sagt Wanda nach einem Blick auf die Zeitanzeige ihres Tablets. »Also, Folgendes: In genau zwei Wochen und zweieinhalb Stunden werden wir in die Villa am Stadtpark einbrechen.«

18

Nur das Surren einer Fliege und das Knacken von Desirees Knöcheln sind zu hören. Alle scheinen darüber zu grübeln, ob das ein Witz war. Ein schlechter Witz, keine Frage. Aber eben trotzdem: bloß ein Witz. Nach und nach räumt Wandas entschlossener Gesichtsausdruck jedoch alle Zweifel aus. Es gibt also keinen Zweifel, dass Wanda es ernst meint. Verdammt ernst.

Und weil die Villa am Stadtpark, das Monstrum von einem Haus, natürlich allen ein Begriff ist, bricht plötzlich die Hölle los.

»Die Bruckmann-Villa?«

»Sag mal, geht's noch?«

»Was soll das heißen, *wir brechen da ein?*«

»Komplette Verarsche!«

Nur Schulze sagt nichts. Erst als wieder einigermaßen Ruhe eingekehrt ist, räuspert er sich.

»Also, Freitagnachmittag ist schwierig«, sagt er. »Da hab ich Schach.«

Die anderen schauen ihn fassungslos an.

»Er kann reden«, murmelt Kai.

»Nicht dein Ernst«, meint Lynn.

»Doch«, sagt Schulze ungerührt. »Früher war Schach mittwochs, aber jetzt ist es freitags.«

»Okay, anders formuliert«, setzt der Meister an. »Das ist an dieser Sache dein einziges Problem? Dass du freitags Schach hast?«

»Mal zurück zum Thema«, sagt Lynn. »Ich für meinen Teil werde garantiert nicht in irgendeine Villa einbrechen.«

»Die Vorstellung hat schon was«, meint Desiree. »Ich hab mir oft überlegt, wie es wäre, eine Bank auszurauben. Alle reden darüber, aber keiner weiß, dass ich es gewesen bin.«

Kai verzieht das Gesicht.

»Klingt nach einem Fall für den Schulpsychologen.«

»Klingt nach einem Fall für: Halt's Maul.«

Kai und Desiree funkeln sich an. Es ist, als würde der ganze Raum die Luft anhalten. Wanda blickt sie der Reihe nach an. Gut möglich, dass jetzt, in genau diesem Moment, alles explodiert. Sie wartet ein, zwei Sekunden, dann geht Wanda ein paar Schritte und stellt sich wie zufällig zwischen die beiden Streithähne, um die Sichtachse zu durchbrechen. Das hat den gewünschten Effekt. Die Lage entspannt sich – zumindest ein wenig.

»Vorschlag.« Wanda räuspert sich. »Ich beantworte erst mal eure Fragen zu der Sache. Falls ihr welche habt …«

»Hunderte«, sagt der Meister.

Die anderen nicken.

»Mich würde ja vor allem interessieren, was du in der Villa überhaupt willst. Ich meine, gibt's da einen Tresor oder was?«

»Nee.« Wanda schüttelt den Kopf. »Einen Tennisball.«

19

Es wird nicht besser. Was Wanda auch sagt, es führt nur zu mehr Unruhe und Unverständnis. Ob sie das Ganze doch anders hätte aufziehen sollen? Die Leute einzeln ansprechen, um sie nacheinander ins Boot zu holen? Außerdem scheint es, als hätte sie die Dynamik zwischen ihnen gehörig unterschätzt. Egal, dafür ist es jetzt definitiv zu spät. Und wegen ein paar Widrigkeiten gleich aufzugeben, steht für Wanda sowieso nicht zur Debatte. Hat es noch nie.

»Ein Tennisball?«, fragt der Meister. »Ich meine, wäre es einer dieser großen bunten Gymnastikbälle, würde ich es ja verstehen. Aber ein Tennisball? Langweilig.«

»Dieser spezielle Tennisball ist circa 30.000 Euro wert«, sagt Wanda.

»What?«

»Ist der aus Gold oder was?«

Wanda schüttelt den Kopf.

»Hans-Åke Eriksson hat ihn signiert.«

»Fucking Hans-Åke Eriksson?«

»Ich glaube, sein dritter Name ist Filip.«

»Schulze weiß Bescheid!«

Kai hebt die Hand, um alle zum Schweigen zu bringen. Und das tun sie, weil Kai nun mal Kai ist.

»Was willst du mit dem Ball?«, fragt er Wanda.

»Ich will ihn verkaufen.«

»Und wo?«

»Wo ist hier das Problem?«

»Auf Ebay oder was?«

»Ganz sicher nicht.« Wanda schüttelt den Kopf. »Da können wir den Ball gleich bei der nächsten Polizeiwache abgeben.« Sie räuspert sich. »Habt ihr schon mal vom Deep Web gehört?«

Alle schütteln den Kopf – alle bis auf den Meister.

»Stellt euch das Internet als Ozean vor«, sagt Wanda. »Der Teil, den eure Suchmaschine durchstöbert, ist nur die Oberfläche. Darunter wird es erst so richtig interessant.«

»Okay«, sagt Kai und lehnt sich interessiert vor. »Wir verhökern den Ball. Und was dann? Was passiert mit der Kohle?«

»Die wird geteilt.«

»5.000 für jeden?«

»Er kann rechnen«, murmelt Schulze, was außer Wanda jedoch niemand zu hören scheint. Vielleicht hat sie es sich auch nur eingebildet. Wie auch immer. Es ist, als wären in dem Moment nur Wanda und Kai wichtig. Alle anderen sind Publikum.

»5.000?«, fragt Kai noch einmal.

»Mindestens«, sagt Wanda.

Das ist eine Ansage. Eine Ansage, auf die wieder Stille folgt. Jeder der Anwesenden scheint darüber nachzudenken, was es ganz für ihn oder sie persönlich bedeuten würde, auf einen Schlag so viel Geld zu haben. Schließlich beginnt Kai, langsam zu nicken.

»Nicht dein Ernst«, sagt Lynn fassungslos. »Brauchst du so dringend noch ein Paar scheißteure Sneakers?«

Kai zuckt kaum merklich zusammen.

»Wollt ihr wirklich jemandem 30.000 Euro klauen?«, wendet Lynn sich jetzt an die ganze Gruppe. »Das ist kein Päckchen Kaugummi!«

»Für ihn schon«, sagt Wanda. »Der Typ ist tatsächlich stinkreich.«

Der Meister nickt. »Angeblich hat er ein heftiges Start-up gegründet und nach nur einem Jahr wieder verkauft. Seitdem macht er sich einen Lässigen.«

»Echt? Ich dachte immer, der hat einfach im Lotto gewonnen«, meint Kai.

Wanda wackelt ungeduldig mit dem Kopf.

»Wichtig ist doch nur: Der merkt nicht mal, wenn ihm was fehlt!«

Was natürlich nicht ganz stimmt. Früher oder später wird er durchaus merken, dass sein geliebter Ball weg ist. Und das ist auch Sinn und Zweck des Ganzen. Aber es wird ihm nicht wehtun, zumindest nicht in finanzieller Hinsicht.

»Und falls er es doch merkt«, fügt Wanda hinzu, »wird der Typ ganz sicher nicht die Polizei alarmieren.«

»Woher willst du das wissen?«

»Weil er selbst Leichen im Keller hat. Deshalb.«

»Scheiße«, sagt Kai und beißt sich auf die Unterlippe. »Scheiße, ich bin dabei.«

Wanda lässt es sich nicht anmerken. Aber in dem Augenblick ist sie verdammt erleichtert. Sie hat Kai. Und den Meister hat sie auch – sie weiß, dass sie den Meister hat, selbst wenn er es noch nicht zugibt. Desiree hatte sie von Anfang an. Und wenn Wanda irgendwann Lynn hat, kann sie auch hinter Schulze einen Haken setzen. Und schon ist die Sache rund.

»Wir treffen uns am Dienstag wieder«, sagt Wanda. »Ich bringe Snacks.«

20

Wanda hat noch nicht einmal den halben Flur durchquert, da ist der Meister auf einmal neben ihr.

»Sag, dass das nicht dein Ernst ist, Wanda-Amanda.«

»Dass ich in die Villa einsteige?«, fragt Wanda zurück. »Doch. Klar.«

Der Meister schüttelt ungeduldig den Kopf.

»Dass du denkst, dass du hier einfach so eine Bombe platzen lassen kannst, ohne zu verraten, was genau dein Plan ist.« Er macht eine kleine Pause. »Was willst du, Wanda? Raus mit der Sprache, oder ich mache nicht mit.«

Für Wanda gibt es keinen Zweifel, dass der Meister blufft. Und das sagt sie ihm auch.

»Wir beide wissen, dass du mitmachst.«

»Warum sollte ich?«, fragt er zurück.

»Weil du neugierig bist. Und weil du das Geld brauchst.« Sie macht eine kleine Pause. »Du hast Pierre und seine Gang im Nacken.«

Der Meister blickt über seine Schulter.

»Das war im übertragenen Sinn gemeint«, seufzt Wanda.

Doch der Meister bleibt nervös. Nervös und angespannt.

»Was weißt du?«, fragt er mit gesenkter Stimme.

Wanda verzieht den Mund.

»Du hast die Jungs mit Kartentricks abgezogen. Und jetzt wollen sie ihr Geld zurück. Mit Zinsen.«

»Wenn das so ist«, sagt der Meister seufzend. »Dann mache ich wohl mit.«

21

Es ist Montag, erste große Pause. Der Meister und Wanda haben sich an ihrem Stammplatz getroffen, der Bank gleich neben dem Hausmeisterkabuff. Die Sonne scheint, sie trinken Limonade (Wanda) oder tun so, als tränken sie Kaffee (der Meister). Als Lynn auf dem Weg in ihr Atelier an ihnen vorbeiläuft, blickt der Meister ihr mit zusammengezogenen Augenbrauen hinterher.

»Jetzt mal ehrlich«, sagt Wanda und lehnt sich vor. »Wird das ein Problem mit euch beiden?«

Der Meister runzelt die Stirn.

»Was meinst du? Dass wir mal das heißeste Pärchen der Schule waren?«

Wanda schüttelt den Kopf.

»Mit Betonung auf *waren*«, spricht der Meister weiter. »Präteritum. Gegenteil von *sind*. Präsens.«

»Das!«, ruft Wanda. »Das meine ich. Dass du bei jeder Gelegenheit betonst, dass das mit euch vorbei ist.«

»Ist doch ein zentraler Punkt«, meint der Meister und nippt an seiner Tasse. »So kannst du davon ausgehen, dass wir nicht plötzlich auf dumme Gedanken kommen. Und … uns zum Beispiel, kaum sind wir in die Villa eingestiegen, in ein Kämmerlein zurückziehen, um schmutzige Dinge zu tun. Und mit schmutzig meine ich nicht wirklich schmutzig, sondern –«

Wanda unterbricht ihn.

»Wirkt nicht so, als wärst du darüber hinweg.«

Der Meister macht große Augen.

»Echt nicht?«

»Null«, meint Desiree, die auf einmal neben ihnen steht.

»Oha«, gibt der Meister säuerlich von sich. »Die Expertin in amourösen Angelegenheiten hat gesprochen. Ja, Lynn hat mich verlassen. Ja, damals hat mein Herz einen kleinen Riss bekommen. Shit happens.«

Desiree brummt etwas Unverständliches und drückt dem Meister einen Stapel Papier in die Hand, den er direkt in seinem Rucksack verschwinden lässt. Dann zieht Desiree auch schon wieder ab.

»Was –?«, beginnt Wanda, aber der Meister schüttelt den Kopf.

»Ist topsecret«, unterbricht er sie. »Ich würd's dir sagen, aber dann muss ich dich anschließend umbringen.«

»Was, wenn ich rate?«

»Du willst raten, was Desi mir da gerade zugesteckt hat?«

»Einmal.«

Der Meister schnalzt mit der Zunge.

»Und wenn du richtigliegst?«

»Und wenn ich richtigliege, zeigst du mir, wie gut sie das kann.«

»Wie gut sie was kann?«

»Unterschriften fälschen.«

22

Desiree kann es gut. Verdammt gut. Noch besser, als Wanda gehofft hatte. Der Meister und Wanda haben sich in die barrierefreie Toilette zurückgezogen. Laut dem Meister der einzige Ort an der ganzen verdammten Schule, an dem man sich wenigstens halbwegs sicher sein kann, dass einem niemand über die Schulter guckt.

Genau darauf können sie nämlich gut verzichten. Auf den Knien des Meisters liegt ein fetter Papierstapel. Es sind vier Entschuldigungen von Fehltagen und acht Klassenarbeiten, die Desiree kunstvoll unterschrieben hat.

Wanda pfeift beeindruckt durch die Zähne.

»Ahnt irgendjemand, dass Desiree dahintersteckt?« Unweigerlich hat sie ihre Stimme gesenkt. Der Meister schüttelt den Kopf.

»Ich sammle die Aufträge und leite sie weiter. An wen, weiß kein Mensch. Außer dir.«

»Ich zähle nicht«, sagt Wanda. Es soll wie ein Witz klingen, aber in ihrer Stimme schwingt noch etwas anderes mit. Das bemerkt auch der Meister.

»Du zählst nicht?«, hakt er nach.

Wanda zuckt mit den Schultern.

»Zitat meines Vaters.«

»Ein Arsch?«

»Ein Riesenarsch.«

23

Nach Schulschluss bleibt Wanda auf dem Gelände. Jetzt sind eigentlich nur noch die Verzweifelten hier, die in irgendwelchen AGs mitmachen. Und Lynn, die offenbar beschlossen hat, sich mit reiner Ausdauer durch ihre Schaffenskrise zu boxen.

Als Wanda das Atelier betritt, steht die Künstlerin gerade vor ihrer Werkbank. Mit Arbeitshandschuhen und einem Winkelschleifer im Anschlag. Es scheint sie nicht sonderlich zu überraschen, dass Wanda hier einfach so aufkreuzt. Sie nickt zur Begrüßung, dann wendet sie sich wieder dem Holz zu, das sie in kleine Stücke schneidet. Ob sie eine Verwendung dafür hat, ist mehr als fraglich. Wahrscheinlich ist es eher ein Akt der Langeweile oder der Verzweiflung.

»Darf ich auch mal?«, fragt Wanda.

»Du willst flexen?«

»Sieht so aus, als würde es Spaß machen.«

»Stimmt.« Lynn nickt. »Aber eigentlich darf ich die Geräte nicht aus der Hand geben.«

»Eigentlich?«

Lynn schmunzelt. »Du hast es nicht so mit Regeln und Gesetzen, richtig?« Sie sieht auf. »Weißt du, ich hab mich schlaugemacht. Strafgesetzbuch Paragraf 244: Diebstahl wird besonders geahndet, wenn man dafür in eine Privatwohnung einsteigt. Und wenn man es als Bande tut.«

Bande, denkt Wanda. Wenn sie doch nur schon so weit wären.

Lynn legt den Winkelschleifer beiseite und stemmt die Hände in die Hüften.

»Meine Mutter ist Anwältin«, sagt sie.

»Hast du – hast du mit ihr darüber geredet?« Wanda ist sofort alarmiert. Das wäre eine Katastrophe. Wenn sie eines weiß, dann das: Erwachsenen ist nicht zu trauen.

»Natürlich nicht.« Lynn schüttelt beinahe ärgerlich den Kopf. »Aber daher weiß ich eben, dass das alles kein Spaß ist. Das, was du da vorhast, ist eine verdammte Straftat. Und ich bin schwarz. Allein deshalb werde ich im schlimmsten Fall schon verdächtigt, wenn ich nur mal zu lange im Einkaufszentrum abhänge.«

Wanda wird mit einem Mal klar, dass sie bisher vor allem über die Folgen nachgedacht hat, die das Ganze für sie haben kann. Doch darauf ist sie vorbereitet. Alles andere – was die Aktion für ihr Team bedeutet – nicht. Ein ungutes Gefühl überkommt sie.

Während sie noch darüber nachdenkt, hat Lynn schon das Thema gewechselt.

»David und du, ihr versteht euch.«

»David?«

Lynn seufzt. »Der Meister.«

»Oh, ja, klar.« Wanda nickt schnell. »Er meint, wir sind aus dem gleichen Holz geschnitzt. Damit könnte er recht haben.«

»Und was für ein Holz wäre das?«

»Keine Ahnung, Edelkastanie? Zäh, splitterfrei und vielseitig einsetzbar.«

Lynn lacht.

»Damit keine Missverständnisse aufkommen«, sagt Wanda plötzlich ernst. »Ich steh nicht auf ihn.«

Lynn zuckt mit den Schultern.

»Ich würd's verstehen«, sagt sie. »David ist ziemlich charmant und witzig. Und überraschend romantisch.«

Das glaubt Wanda sofort. Allerdings steht sie generell nicht auf Jungs. Und das sagt sie Lynn auch.

»Okay«, erwidert Lynn. »Auch cool.«

Sie macht eine kleine Pause, ehe sie fragt: »Sag mal, warum bist du eigentlich hier?«

»Oh, das«, murmelt Wanda etwas ratlos. »Eigentlich hatte ich vor, dich zu überreden. Ich wollte dir sagen, dass unser Vorhaben die Lösung für dein Problem ist.«

»Für welches Problem?«

Wortlos zieht Wanda ein blau eingebundenes Buch aus dem Rucksack. Lynn erkennt es sofort.

»Wo hast du das her?«

»Das hast du verloren.«

»Verloren? Oder *verloren*?«

»Ersteres«, sagt Wanda und hebt drei Finger in die Luft, ehe sie hinzufügt: »Seite 34, oberer Absatz.«

Lynn sieht Wanda einen kurzen Moment forschend an, dann schlägt sie das Buch auf und blättert hastig zur richtigen Seite. Sie liest stumm, aber Wanda weiß auch so, was dort steht: Steckt ein Künstler oder eine Künstlerin in einer Schaffenskrise, soll er oder sie keinesfalls auf den Kuss der Muse warten. Stattdessen soll man raus aus der Komfortzone. Routinen durchbrechen. Was erleben. Im Freien übernachten. Im Fluss schwimmen, all so ein Zeug.

»Klingt überzeugend«, sagt Lynn langsam.

»Findest du?«

Lynn nickt.

»Was du vorhast, ist so was von außerhalb meiner Komfortzone, dass es schon wieder gut ist.« Sie grinst jetzt.

»Das heißt –«

»Das heißt, dass ich dabei bin«, sagt Lynn und schlägt entschlossen das Buch zu. »Ich gehe das Risiko ein.«

24

Sie sind tatsächlich wiedergekommen. Alle fünf. Als Wanda ihren Blick langsam durch den Raum schweifen lässt, macht sich große Zuversicht in ihr breit. Zugegeben, bislang war sie sich nicht sicher, ob das, was sie ausgetüftelt hat, wirklich umsetzbar ist. Sie hatte Sorge, dass es vielleicht doch eine Nummer zu groß ist. Aber nun, als sie ihr Team da so sitzen sieht – Kai in seinem grünen Nike-Hoodie, den Meister mit seinem Käppi, Lynn mit ihrem *Save the planet*-Button, Desiree mit den runtergezogenen Mundwinkeln und Schulze, unauffällig wie meistens – ist Wanda sich sicher, dass es klappt. Dass ihr Plan aufgeht. Höchste Zeit, ihn endlich vorzustellen.

Wanda legt ihr Tablet auf den Tisch. Ein Fingertippen und sie hat die richtige Datei geöffnet. Die mit ihren Sketchnotes, die den komplexen Sachverhalt so einfach wie möglich darstellen. Wanda will gerade loslegen, da hebt Schulze den linken Arm. Im ersten Moment denkt Wanda, es handelt sich um eine Dehnübung. Doch da es bei dem einen Arm bleibt und Schulze auch keine Anstalten unternimmt, ihn wieder herunterzunehmen – jetzt streckt er sogar den Zeigefinger – dämmert Wanda, dass Schulze sich meldet. *Er meldet sich.* Und sie hat keinen Schimmer, wie sie damit umgehen soll. Muss sie auch gar nicht, weil Kai das erledigt.

»Junge, nimm den Arm runter!«, ruft er. »Wir sind hier doch nicht in der Schule!«

»Wo denn dann?«, fragt Lynn amüsiert. »Auf dem Mars?«

»Das würde erklären, wo all die Aliens herkommen«, murmelt Desiree.

»Sagt die Richtige«, hüstelt Kai in seine Faust.

Desiree funkelt ihn böse an. Wanda blickt zwischen den beiden hin und her. Es fühlt sich an wie ein Déjà-vu.

»Sag mal, hast du irgendein Problem mit mir?«, knurrt Desiree.

»Wer hat das nicht?«, fragt Kai zurück.

»Ich zum Beispiel«, sagt der Meister gut gelaunt. »Ich habe definitiv kein Problem mit Desiree.«

»Ja, weil du ganz andere Probleme hast«, erwidert Kai.

»Was soll das denn bitte heißen?«, mischt Lynn sich ein. Sie ist sofort auf 180. »Weil er eine Behinderung hat oder was?!«

»Hä?«, macht Kai. »Geht's noch? Ich habe von dir gesprochen. Du bist eines seiner Probleme!«

»Wo er recht hat, hat er recht«, murmelt der Meister grinsend. Was Lynn dazu veranlasst, seiner Schulter einen mittelharten Stoß zu versetzen.

Aus all dem Durcheinander blickt Schulze Wanda entschuldigend an.

»Eigentlich«, sagt er leise. »Eigentlich wollte ich nur nach den Snacks fragen.«

25

Die Snacks. Die Snacks sind die Rettung. Wanda schnappt sich den Beutel, der hinter ihr an der Stuhllehne hängt. Eine weitere Handbewegung und schon ergießt sich eine Fülle leckeren Zeugs auf den Tisch. Gummibärchen, Lakritz, Schokoriegel, gesalzene Nüsse ... Das komplette Sortiment der Cafeteria ist vertreten. Lynn nimmt sich eine Mini-Packung Chips, was Schulze prompt dazu veranlasst, sich die andere Tüte zu schnappen. Kai will sich auch bedienen, was jedoch durch Desiree verhindert wird, die sich – absichtlich? – in genau dem Moment nach vorne beugt und nach den Gummibärchen greift.

»Kann ich ein paar rote haben?«, fragt der Meister. »Die roten sind die besten.«

»In denen ist genauso viel Chemie wie in den anderen«, murmelt Lynn.

»Echt?« Der Meister wirft sich eine Handvoll in den Mund und kaut übertrieben begeistert darauf herum. »Schmeckt man gar nicht raus.«

Wanda wartet ab, bis sich alle versorgt haben. Sie weiß, früher oder später werden sie neugierig werden. Und tatsächlich: Nachdem alle mit ebenso köstlichen wie leeren Kalorien versorgt sind, lehnen sie sich zurück – wie im Kino. Fünf Augenpaare richten sich auf Wanda.

»Eines vorab«, sagt sie. »Ihr könnt alles, was ich sage, zerreißen. Aber hört es euch bis zum Ende an.«

Mit diesen Worten schiebt sie das Tablet in die Mitte des Tisches.

1. Das Team
2. Ausgangssituation
3. Ablauf

»Verzauberer«, sagt der Meister, als Wanda die zweite Grafik geöffnet hat. »Das gefällt mir. Ich muss schon sagen, du hast mein wahres Wesen schnell erkannt.«

①. Das Team

Der Meister	=	der Verzauberer
Lynn	=	die Handwerkerin
Desiree	=	die Kalligrafin
Kai	=	der Athlet
Schulze	=	der Unsichtbare ?
Wanda	=	die Strategin

Wanda verzieht den Mund. »Ehrlich gesagt, geht es dabei weniger um eure wahren Wesen als um eure spezielle Rolle in unserem Vorhaben.«

»Sonst hätte ich auch protestiert«, sagt Lynn. »Ich bin keine Handwerkerin. Ich bin Künstlerin.«

Der Meister rollt mit den Augen, sagt aber nichts.

»Also, ich versteh mich schon als Athlet«, meint Kai

nachdenklich. »Wobei es auch nervt, dass alle immer nur den Sportler in mir sehen. Ich meine, ich bin viel mehr als das.«

»Was denn?«, fragt Desiree gespielt interessiert.

»Wie, was?«

»Na, was bist du noch? Sternzeichen Widder?«

»Ein verdammt guter Koch zum Beispiel«, sagt Kai unbeeindruckt. »Meine Gua Bao sind der Hammer. Hat ewig gedauert, bis ich meiner Oma das Rezept aus den Rippen geleiert habe. Bolognese kann ich auch richtig gut.«

»Oh, ich liebe eine gute Bollo«, sagt Lynn. »Machst du die mit Tomatenmark?«

»Okay«, unterbricht Wanda die beiden, bevor es in eine kulinarische Fachsimpelei übergeht. »Dann kommen wir mal zur Ausgangssituation.« Sie tippt auf das Display und die ersten Sketchnotes erscheinen.

② Ausgangssituation

befindet sich in
einer Glasvitrine
im 2.Stock

im Arbeitszimmer

abgesperrt, wenn
der Hausherr nicht
gerade am
Schreibtisch sitzt

DER BALL

die einzige
Ausnahme

FREiTAG 🕐
um 16 Uhr ← kurz nach
für ca. eine Stunde

GRUND:

MR B

AUßERDEM
≡ von Bedeutung ≡

hat von 16 - 17 Uhr
Tennistraining
auf dem hauseigenen
Platz

die Anwesenheit der
GÄRTNER! 🌸
bis 16:30

Die Gelegenheit nutzt
die Haushälterin, um das
Arbeitszimmer zu putzen
↑
gründlich!

? Warum zur Hölle ?
ist das wichtig

DAS IST UNSERE
CHANCE!

1. Der Hund:
(harmlos aber ein Kläffer 😖)
wird in die Küche eingesperrt

2. Der Wintergarten ist (offen)

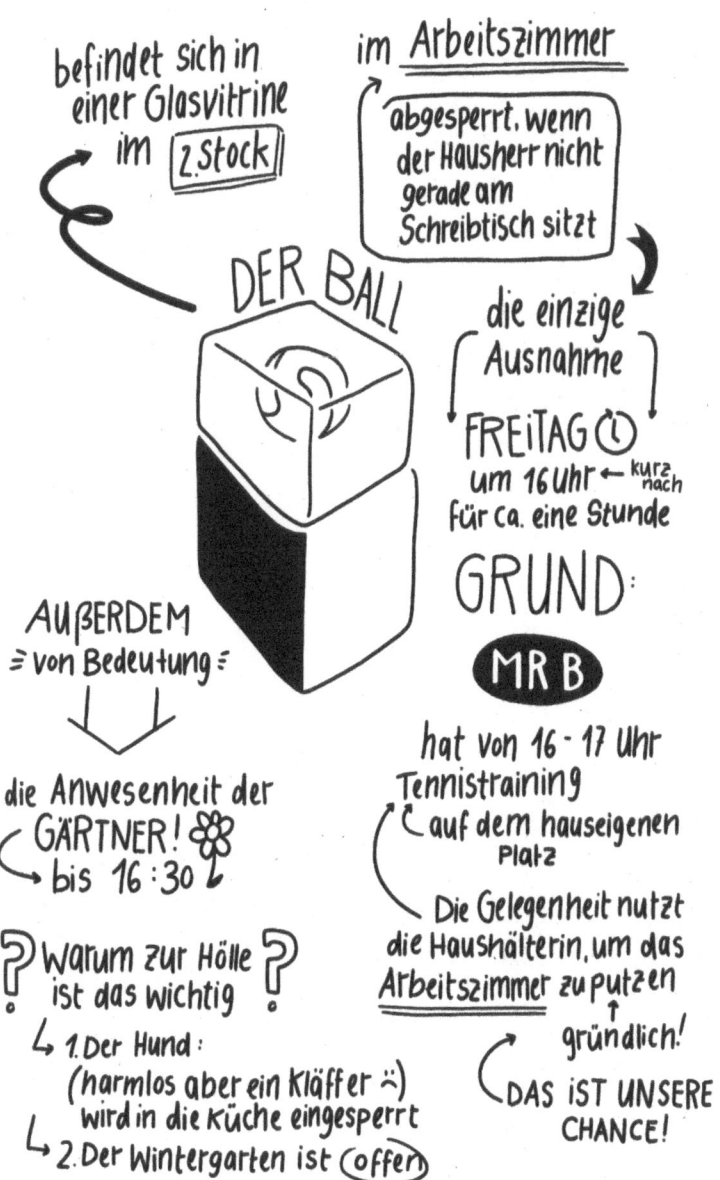

»Ich verstehe nicht«, sagt Lynn und räuspert sich. »Wir sollen den Ball stehlen, während das Arbeitszimmer geputzt wird? Aber was ist mit der Haushälterin? Die ist dann doch auch dort!«

Der Meister nickt. »Sollen wir da einfach reinspazieren, freundlich grüßen und fragen, ob wir uns den Ball mal ausborgen können?«

»Und was bitte hat der Wintergarten mit dem Ganzen zu tun?«, mischt Kai sich ein.

Wanda wackelt mit dem Kopf.

»Ich glaube, das wird alles klar, wenn ich den konkreten Ablauf vorstelle.«

Und genau das tut sie mit der nächsten Grafik.

③ Ablauf

14:50
Der Meister ruft im Tennisverein an, gibt sich als Mr Bs Assistent aus und bestellt den Trainer ab.

15:00
Lynn schneidet ein Loch in den Maschendrahtzaun und betritt das Gelände.

15:05
Lynn bricht in die Garage ein und führt dort einen Wasserrohrbruch herbei.

15:45
Mr B kehrt zurück nach Hause. Wegen der Überschwemmung parkt er seinen Wagen in der Einfahrt.

16:00
Wanda klettert über das Autodach zum Balkon im 2.OG und blickt durch das Fenster ins Arbeitszimmer. Sobald die Haushälterin aufschließt, gibt Wanda dem Meister ein Zeichen.

15:50
Kai springt als Tennistrainer ein. Während des Unterrichts stellt er sicher, dass Mr B keine Sicht auf die Villa hat.

16:03
Der Meister klingelt und verwickelt die Haushälterin vor der Haustür in ein Gespräch.

16:08
Schulze betritt das Gelände durch das offene Loch im Zaun und schleicht sich durch den offenen Wintergarten in die nun menschenleere Villa. Im Arbeitszimmer tauscht er den Ball aus.

16:20
Schulze verlässt die Villa wieder auf dem gleichen Weg.
(Achtung: Um 16:30 machen die Gärtner Feierabend, dann ist auch der Wintergarten wieder abgesperrt.)

 MISSION ACCOMPLISHED!

27

Der Plan scheint sie alle zu überzeugen. Zumindest stellt ihn niemand infrage. Nur Desiree wirkt unzufrieden.

»Was ist mit mir?«, motzt Desiree. »Was mache ich?«

Wanda wirft einen Blick in ihre Notizen; sie hat tatsächlich vergessen, Desirees Rolle weiter auszuführen. Doch bevor sie das nachholen kann, fällt Kai etwas ein.

»Ich habe keinen Tennisschläger.«

»Wie bitte?«

»Ich habe keinen Tennisschläger.«

Plötzlich interessiert sich niemand mehr für Desiree. Demonstrativ verschränkt sie die Arme vor der Brust, aber auch das ändert nichts.

»Leute, alle mal herhören«, ruft der Meister. »Das Ganze wird nichts! Kai hat keinen Tennisschläger!«

»Dann soll er sich einen kaufen«, knurrt Desiree.

»Tennisschläger sind teuer.«

»Deine Klamotten sind teuer!«

Prompt richten sich alle Blicke auf Kai. Obwohl er die Arme verschränkt hat, ist der breite Schriftzug auf seiner Brust noch gut zu erkennen. Sie haben recht. Natürlich haben sie recht. Wanda, die mehr weiß als die anderen, räuspert sich.

»Den Schläger bekommt Kai von mir«, sagt sie. »Sonst noch Einwände, Ideen, Verbesserungsvorschläge?«

»Nee«, sagt Lynn. »Aber eine Frage hätte ich: Woher weißt du das alles? Ich meine, das sind ganz schön detaillierte Informationen. Fehlt nur noch, wann der Typ aufs Klo geht.«

»Pünktlich um 8:30, gleich nach dem Frühstück«, sagt Wanda. Es kommt wie aus der Pistole geschossen. Prompt richten sich fünf geschockte Augenpaare auf sie. »Das war ein Scherz.« Wanda seufzt. »Ein Scherz, okay? Ich habe absolut keine Ahnung, wann der Typ aufs Klo geht. Weil seine verdammte Verdauung für uns keine Rolle spielt. Leute, ich weiß das, weil ich meine Hausaufgaben gemacht habe!«

»Das ist alles?«, hakt Kai nach.

Wanda nickt.

»Und davon mal abgesehen«, sagt sie und nimmt sich einen Keks vom Tisch. »Je weniger ihr jetzt wisst, desto weniger kann euch später zum Verhängnis werden.«

»Das heißt, du willst uns nur schützen?«

»Nee.« Wanda schüttelt den Kopf. »Das heißt, dass es euch nichts angeht.«

Sie hat den Satz kaum zu Ende gesprochen, da wird Wanda bewusst, wie falsch er war. Wie unverschämt. Und wie sehr er nach ihrem Vater klang. Die anderen merken es auch.

»Hört, hört«, brummt Desiree, während Lynn schon nach Wandas Tablet greift.

»Ich korrigiere hier mal schnell einen Fehler«, sagt sie. »Das Wort, das du hinter deinen Namen schreiben wolltest, war sicher Diktatorin. Nicht Strategin.«

»Nice!«, ruft Kai.

Der Meister schaut Wanda einfach nur fragend an. Oder enttäuscht? Wanda blinzelt. Sie sieht ihren Fehler

ein, natürlich tut sie das. Das Problem ist nur: Sie war einfach zu lange Einzelkämpferin. Das alles hier ist zweifellos … ungewohnt. Auch für sie.

Wanda legt den unangebissenen Keks wieder zurück.

»Tut mir leid. Das war blöd«, sagt sie und sieht allen in der Runde für einen Moment in die Augen.

»Wir sind … nein, ich *wünsche* mir, dass wir ein echtes Team sind. So eine Art Klub ohne Vorsitzende, in dem alle gleich wichtig sind.«

»Alle?«, wiederholt Kai und macht eine kaum merkliche Nickbewegung in Richtung Schulze.

»Alle«, betont Wanda. »Der Coup gelingt nur, wenn wir an einem Strang ziehen. Wenn wir zusammenhalten. Wenn sich niemand für wichtiger hält als einen andereren.«

»Nicht mal ein kleines bisschen?«, fragt Kai.

Wanda seufzt. »Das ist auch so eine Sache«, sagt sie. »In unserem Team wird niemand schlechtgemacht. Wir mobben uns nicht.«

Kai schaut auf.

»Moment«, sagt er. »Ich mobbe doch niemanden.«

»Na ja«, sagt Lynn. »Du hast schon so die Tendenz, Sprüche auf Kosten, äh … Schwächerer zu machen.«

»Ich mache Witze über alle!«

»Außer über dich.«

Kurz herrscht eine etwas unangenehme Stille. Bis Lynn auf das Tablet tippt.

»Soweit ich durchblicke, bin ich für die Sachbeschädigung zuständig?«, fragt sie.

»Vergiss den Hausfriedensbruch nicht«, ergänzt der Meister hilfsbereit. »Du bist die Erste auf dem Anwesen.«

»*Ich* bin zuerst dort«, widerspricht Kai.

»Ja, aber du trittst als Tennistrainer auf«, sagt Lynn.

»Das ist was anderes. Ich bin übrigens auch die Einzige, die irgendwas kaputt macht.«

»Ansichtssache«, meint der Meister. »Unsere Dikt... ich meine ... unsere Strategin trampelt auf der edlen Karre rum.«

»Dabei geht doch nichts kaputt.«

Schulze, der es offenbar schon eine ganze Weile versucht, gelingt es endlich, sich zu Wort zu melden. Dieses Mal zum Glück nur im übertragenen Sinn: Sein Arm bleibt unten.

»Ich bin der Einzige, der was klaut«, sagt er, an Lynn gewandt. Falls diese Bemerkung irgendeine Verbindung zwischen ihnen herstellen soll, funktioniert es nicht. Lynn sieht Schulze nur kurz an, sehr kurz, dann richtet sie ihre Aufmerksamkeit wieder auf Wanda.

»Wie hast du die Rollen eigentlich verteilt?«

»Nach Können.«

»Schöne Scheiße«, murmelt Desiree zum gefühlt hundertsten Mal.

Kai lacht auf. »Apropos Können. Was ich vorhin schon fragen wollte: Warum nennst du Desiree eigentlich die Kalligrafin? Ist das ein Euphemismus oder was?«

Der Meister pfeift durch die Zähne.

»Was?« Kai sieht ihn herausfordernd an.

»Euphemismus«, wiederholt der Meister. »Du hast ein ziemlich beeindruckendes Vokabular drauf.«

»Du denkst, nur weil ich 100 Meter in weniger als 12,30 Sekunden renne, kenne ich keine krassen Wörter?«

Kai schüttelt den Kopf. »Zurück zur Kalligrafin. Warum steht da nicht *Frau fürs Grobe*? Oder *Haudrauf-Tante*, wenn's brenzlig wird?«

Desiree lässt ihre Finger knacken.

»Weil diese Hände nicht dazu gemacht sind, deinen Arsch zu retten«, brummt sie. »Da kann er noch so hübsch sein.«

Wanda will endlich verkünden, was Desirees Aufgabe ist. Doch die hat sie, während sie beleidigt vor sich hingestarrt hat, längst selbst kombiniert. Und dass sie es kann, führt sie direkt vor.

Ohne ein weiteres Wort nimmt Desiree sich ein Blatt Papier und einen Kugelschreiber. Dann beginnt sie damit, mit der linken Hand die Unterschriften ihrer meistgehassten Lehrer und Lehrerinnen aufs Papier zu schreiben, nein: zu zeichnen. Sogar die D-Rex ist dabei, mit ihrem aufdringlichen Doppel-T im Namen. Die Fälschung ist perfekt.

Lynn bleibt vor Staunen der Mund offen stehen. Schulze fallen fast die Augen aus dem Kopf. Und Kai murmelt immer wieder: »Was zur Hölle?« Schließlich nimmt er sich das Blatt, um es genauer zu studieren.

»Daraus kannst du was machen«, sagt er langsam. »Wenn du das, sagen wir, als Serviceleistung anbietest, kannst du daraus richtig was machen.«

Weil sie nicht reagiert, sieht Kai auf. Sein Blick wandert von Desiree weiter zum Meister, der wie ein Honigkuchenpferd grinst. Plötzlich geht Kai ein Licht auf.

»Oh«, sagt er. »Du machst daraus schon was.«

»Kann man so sagen.«

Desiree setzt eine letzte Unterschrift auf das Blatt: die von Kais Mutter. Denn schon seit einer ganzen Weile hat Desiree nicht nur Lehrkräfte in ihrem Repertoire. Etwas passiert mit Kais Gesicht, sein Mund klappt auf und seine Wangen färben sich rot.

»Sorry«, sagt er. »Ich dachte echt, du bist hier, um uns mit Gewalt rauszuhauen, wenn was schiefgeht.«

»Dachte ich auch«, gibt Lynn zu.

Schulze nickt.

»Nein«, sagt Wanda. »Desiree ist die Künstlerin der schönen Schrift. Sie stellt uns eine Replik des Balls her. So merkt im besten Fall niemand, dass der Ball ausgetauscht wurde und in der Vitrine nur noch ein 50-Cent-Ball liegt.«

»Und wenn«, Schulze räuspert sich, »und wenn dabei was schiefgeht?«

Der Meister legt ihm den Arm um die Schulter.

»Das, mein Freund, willst du nicht wissen.«

28

»Damit kommen wir zum nächsten Punkt: der Vorbereitung.« Wanda sieht auf. »Ist jedem klar, was er oder sie in den nächsten Tagen zu tun hat?«

Sie schütteln die Köpfe. Alle, sogar der Meister. Wanda ist genervt, lässt sich nichts anmerken. Ungerührt öffnet sie auf ihrem Tablet die Datei mit ihrem Trainingsplan.

»Ich für meinen Teil mache schon seit einer Woche Klimmzüge, Liegestütze, Sit-ups. Eben das ganze Programm«, sagt Wanda. »Für morgen habe ich mich in der Kletterhalle angemeldet. Damit ich zu hundert Prozent weiß: An der Fassade komme ich hoch. Selbst wenn sie eingeölt ist.«

Der Meister runzelt die Stirn.

»Warum sollte die Fassade eingeölt sein?«, fragt er. »Oder ist das etwas, das man macht, wenn man zu viel Kohle hat?«

Lynn seufzt.

»Ich denke, wir alle wissen, was Wanda damit sagen will. Jedenfalls werde ich mich dann mal schlaumachen, wie man ein Garagentor aufbricht. Und mit welchem Werkzeug ich einen Rohrbruch hinkriege. Für den Maschendrahtzaun reicht vermutlich ein Seitenschneider.«

Wanda schreibt alles mit. Dann blickt sie zum Meister.

»Was ist mit dir?«

Der Meister schiebt seine Kappe zurück.

»Das mit dem Anruf beim Tennisverein könnte ich theoretisch ohne Vorbereitung. Hab hunderttausendmal was Ähnliches gemacht. Das heißt, ich werde mir vor allem überlegen, welche Geschichte ich der Haushälterin auftische. Damit ich sie möglichst lange an der Haustür festhalte.«

»Da musst du überlegen?« Kai zieht die Augenbrauen nach oben. »Mach doch einfach einen auf behindert.«

»Ach.« Der Meister tut ehrlich interessiert. »Und wie?«

»Wie, was?«

»Na, wie sollte ich deiner Meinung nach *einen auf behindert machen?*«

»Ah, verstehe.«, Kai tippt sich an die Stirn. »Klar, du musst natürlich nicht auf behindert machen, du bist es ja schon.«

»Praktischerweise«, ergänzt der Meister trocken.

»Sag halt, du hast dein Taxi verpasst und schon ganz lahme Arme. Und dann setzt du deinen Dackelblick auf und bittest die Haushälterin, dich nach Hause zu schieben.«

Der Meister kratzt sich am Kinn, als müsse er angestrengt über den Vorschlag nachdenken. »Hm. Ich glaube, da fällt mir noch was Besseres ein«, sagt er schließlich und wendet sich an Wanda. »Bei mir kannst du als Hausaufgabe aufschreiben: Der Meister überlegt sich eine Idee, die nicht ganz so beschissen ist wie die von Kai.«

»David, ich gebe dir in allem recht«, sagt Lynn. »Aber kannst du bitte aufhören, von dir selbst als *Der Meister* zu sprechen? Das ist echt verstörend.«

»Warum?«, fragt Desiree.

»Weil nicht mal sein verdammter Nachname Meister ist! Deshalb.«

»Das meinte ich nicht.« Desiree seufzt. »Ich habe mit mir selbst gesprochen. Ich frage mich, warum ich eigentlich hier mitmache. Wenn das so weitergeht, werde ich nämlich noch krank im Hirn.«

»Das solltest du nicht sagen.« Kai sieht auf einmal ganz ernst aus. »Das ist diskriminierend gegenüber Menschen mit psychischen Problemen.«

Es kommt nicht oft vor. Aber in dem Moment sind tatsächlich alle sprachlos.

Desiree klappt den Mund auf und wieder zu.

»Schon okay.« Kai schlägt ihr versöhnlich auf die Schulter. »Man lernt immer dazu.«

Wanda hingegen ist von Kais plötzlicher Sensibilität nicht überrascht. Sie weiß aus seiner Akte längst von der Krankheit seiner Mutter.

»Also«, sagt Kai und geht zur Tagesordnung über. »Meine Aufgabe für die Woche lautet: Tennistraining.« Dabei verzieht er den Mund, als hätte er heftige Zahnschmerzen.

»Desiree, was machst du?«

»Ich analysiere und perfektioniere Hans-Åkes Signatur.«

»Schulze?«

»Ich ... keine Ahnung.« Er sieht ein bisschen verzweifelt aus.

»Entspann dich«, sagt der Meister. »Du musst nichts üben. Du bist einfach nur Schulze.«

29

Am nächsten Tag steckt Wanda Desiree ein Foto zu. Darauf: ein Tennisball in einer Glasvitrine. Natürlich ist es nicht irgendein Tennisball. Auf dem gelben Filz steht *Hans-Åke Eriksson* – in selbstbewusst geschwungenen Buchstaben. Desiree traut ihren Augen kaum. Das ist eine bessere Arbeitsgrundlage als die Bilder, die sie aus dem Netz gezogen hat. Eine viel bessere.

»Wo hast du das her?«, fragt sie, die Augen immer noch auf das Foto gerichtet. Doch es kommt keine Antwort. Desiree sieht auf und stellt fest, dass Wanda schon wieder verschwunden ist. Sie steht allein im Flur. Sie sieht zum ersten Mal nicht unglücklich aus, wahrscheinlich weil sie Teil von etwas ist. Aus genau dem Grund ist sie übrigens auch Wandas Einladung gefolgt. Ohne es so zu nennen, hatte Wanda behauptet, eine Art Selbsthilfegruppe zu gründen – für all jene, die in dieser verfluchten Institution vereinsamen.

Den Rest des Tages verbringt Desiree damit, das Autogramm zu studieren. Als es sich in ihre Netzhaut eingebrannt hat, beginnt sie, es nachzuschreiben. Immer und immer wieder. Desiree tut es mit allen Stiften, die sie besitzt. (Und das sind eine Menge, da sie aus bekannten Gründen die Schreibutensilien aller Lehrkräfte nachkauft.) Zudem wechselt Desiree den Untergrund. Mal schreibt sie auf Papier, mal auf Pappe. Dann auf Holz (das Tischbein in Musik) und auf Fliesen (die Wand im Mädchen-WC). Lynn stöbert in ihrem Atelier ein paar Filzplatten auf und steckt sie Desiree zu. Desiree hat nicht mal darum bitten müssen. Wäre sie der Typ dafür, sie wäre fast ein bisschen gerührt.

Es versteht sich von selbst, dass Desiree sämtliche Signaturen mit Permanentmarker übermalt. Sie ist ja nicht blöd. Natürlich kann man sich fragen, warum Desiree auch mit einem schnöden Bleistift übt, wo doch kein Zweifel besteht, dass Hans-Åke zu einem Edding 3000 (mit Rundspitze, 1,5–3 mm) gegriffen hat. Doch ihrer Erfahrung nach hat sich genau das bewährt. Sie übt so lange, bis man sie um zwei Uhr nachts wecken, ihr ein x-beliebiges Schreibwerkzeug in die Hand drücken könnte und sie dann einen perfekten Hans-Åke Eriksson hinlegt.

In Mathematik kommt es zu einem Zwischenfall.
»Desiree Rehling?«, will der Schneider mit spitzer Stimme wissen. »Was machst du da unter dem Tisch?«
Was für eine Frage. Sie schreibt zum gefühlt fünfhundertsten Mal an diesem Tag den Namen eines gewissen schwedischen Ausnahmesportlers. Doch das kann sie dem Schneider nicht sagen. Der lässt seine Frage übrigens bewusst anzüglich klingen, weil er ein bemitleidenswerter Arsch ist, der Beifall von Pubertierenden braucht. Den bekommt er auch sofort, was ihn anspornt, es noch ein bisschen weiter zu treiben.
»Schreibst du ein Briefchen?«, hakt er nach. »Doch nicht etwa an mich?«

Wut steigt in Desiree auf. Ihre blassen Wangen werden rosa und heiß. Das ist gefährlich, für alle Beteiligten.

Wanda, nur zwei Plätze neben Desiree, registriert, was Sache ist. In ihrem Strateginnen-Hirn beginnt es zu rattern. Sie weiß: Der Schneider darf den Zettel nicht in die Finger kriegen. Niemand darf wissen, wie gut Desiree Unterschriften fälschen kann. Und vor allem darf sie niemand mit Hans-Åke Eriksson in Verbindung bringen, falls der Diebstahl später doch an die Öffentlichkeit kommen sollte. Wanda fängt an, mit ihrem Stuhl zu kippeln. Erst zaghaft, dann immer mehr. Doch der Schneider, den das normalerweise in kürzester Zeit zur Weißglut bringt, bemerkt es nicht einmal. Er hat zu großes Gefallen an dieser anderen Sache gefunden. Wanda nimmt mehr Schwung und noch mehr. Aber es ist noch nicht genug.

Der Mathelehrer steht jetzt direkt vor Desiree, sie knüllt das Papier in ihrer Faust zusammen. Sie hat drei Möglichkeiten:

Dem Schneider an die Gurgel gehen.

Aus dem offenen Fenster springen.

Das Papier essen.

Desiree spielt die Möglichkeiten in ihrem Kopf durch, keine nimmt ein gutes Ende. Sie wird von der Schule verwiesen, sie bricht sich alle Knochen oder erstickt an einem Papierklumpen. Desiree beginnt zu schwitzen. Als der Schneider gerade die Hand ausstreckt, stößt Wanda sich ein letztes Mal ab. Endlich ist es genug, Wanda fällt krachend nach hinten. Und Desiree und der Coup sind gerettet.

30

Neben dem Sekretariat befindet sich ein kleiner Raum mit einer schmalen Pritsche. Darauf liegt Wanda und presst ein Kühlpad, welches den Namen seit mindestens einer halben Stunde nicht mehr verdient, an ihren Hinterkopf. Wanda hatte nicht damit gerechnet, dass es so wehtun wird. Oder dass das, was darauf folgt, so öde ist. Noch nicht mal telefonieren darf sie. Darauf achtet der Sekretär, der wiederholt deutlich macht, dass es ihm am liebsten wäre, jemand würde Wanda abholen. Doch ihr Vater ist – oh Wunder! – nicht erreichbar. Wandas Mund ist ganz trocken. Sie zieht ihren Rucksack heran und nimmt ihre Trinkflasche heraus. Doch schon das Gewicht verrät, dass sie leer ist. Verdammt.

Resigniert starrt Wanda aus dem Fenster zu den Parkplätzen. Die Aussicht könnte nicht trostloser sein. Als sie glaubt, es vor Langeweile nicht mehr auszuhalten, klopft es an der Tür. Dankbar für jede Ablenkung richtet Wanda sich schnell auf. Ein stechender Schmerz schießt in ihren Schädel. Sie hat mit dem Sekretär gerechnet oder vielleicht gar mit der D-Rex höchstpersönlich. Aber es ist der Meister. Der Meister! Wahrscheinlich hat Wanda sich nie mehr gefreut, ihn zu sehen. Auch wenn die Sorge ihm ins Gesicht geschrieben steht.

»Wanda, was machst du denn für Sachen?«, fragt er.

Sie zuckt nur mit den Schultern. Es ist ihr ein Rätsel, wie der Meister es an dem Türsteher von einem Sekretär vorbeigeschafft hat. Er muss ihn irgendwie belabert haben, was einmal mehr beweist, dass er der Richtige für seinen Teil des Jobs ist. Sie will dem Meister gerade ein Kompliment machen, da fällt ihr Blick auf die Flasche auf seinem Schoß.

»Ist die Limo für mich?«, sagt Wanda. »Bitte, sag, dass die Limo für mich ist.«

»Die Limo ist für dich.«

Als der Meister ihr die gekühlte Flasche reicht, prangt in seinem Gesicht schon wieder das vertraute Grinsen.

»Trink nicht so schnell«, rät er. »Wenn du eine Gehirnerschütterung hast, wird dir sonst übel.« Er wirft Wanda einen prüfenden Blick zu. »Ich hoffe echt, dein Hirn hat nichts abgekriegt. Du bist unser Mastermind! Wir brauchen von dir jede noch so kleine graue Zelle.«

»Ich hab dich auch lieb«, murmelt Wanda, stellt die Flasche ab und unterdrückt einen Rülpser.

»Mein Kopf tut ein bisschen weh, sonst ist alles in Ordnung.«

Der Meister nickt erleichtert.

»Und jetzt?«, fragt er. »Vielleicht eine kleine Unterhaltung über das Wetter? Oder ein anderes unverfängliches Thema, das dich nicht zu sehr anstrengt?«

»Bloß nicht«, stöhnt Wanda.

Das ist genau das, was der Meister hören wollte. Schließlich wartet er schon den halben Vormittag auf eine geeignete Gelegenheit, um Wanda zu berichten, was er sich überlegt hat. In den vergangenen Tagen hat er verschiedene Geschichten durchgespielt und vor dem Spiegel erprobt. Mal ist er als engagierter Unterschriftensammler für eine neue Umgehungsstraße aufgetreten. Mal als trauriger Anwohner, dem die Katze (ein Tiger namens »Maunzi«) davongelaufen ist. In seinem Eifer hat er es sogar als Pfadfinder und Bibel-Heini versucht. Entschieden hat der Meister sich schließlich für etwas anderes, Simpleres. Denn er weiß aus Erfahrung: Die einfachsten Lügen sind und bleiben die besten.

»Ich stelle mich der Haushälterin als neuer Nachbar vor«, verkündet er, sichtlich stolz auf seinen Einfall. »Am Stadtpark sind doch diese neu gebauten Apartments.«

Wanda nickt. Die kennt sie auch. Und sie erinnert sich noch gut an den Lärm der Bauarbeiten. Das ging über Monate.

»Ich behaupte, dass meine Eltern und ich gerade erst eingezogen sind und dass ich in ihrem Auftrag ein paar Muffins vorbeibringe. Quasi auf gute Nachbarschaft.« Der Meister blickt sie erwartungsvoll an. »Was hältst du davon?«

»Kommt auf die Muffins an.«

»Wie, die Muffins?«

»Na, was für welche willst du backen?«

»Äh, Blaubeer?«

»Mit Gluten?«

»Was?«

Wanda bemerkt erst jetzt, wie seltsam ihre Nachfragen sind. Und wie bescheuert. Wanda muss ehrlich zugeben, dass sie gerade nicht ganz auf der Höhe ist.

»Ich meine ja nur«, versucht sie eine Erklärung und legt sich wieder zurück auf die Pritsche, »es gibt ja immer mehr Leute mit Unverträglichkeiten.«

»Rücksichtsvoll«, meint der Meister. Er schnalzt anerkennend mit der Zunge. »Aber wieso ausgerechnet Gluten? Was ist mit Laktose?« Er denkt einen Moment nach. »Sie könnte auch Veganerin sein.«

»Guter Punkt.« Wanda nickt.

»Okay, okay.« Der Meister seufzt. »Kein Problem. Backe ich halt verschiedene Muffins. Da wird dann schon was Passendes dabei sein.«

»Du machst die selbst?«

»Klar mach ich die selbst.« Der Meister schiebt seine Kappe zurück. »Ich bin ein routinierter Bäcker. Wanda-Amanda, ich zaubere dir auch eine Apfeltarte, die haut dich vom Hocker!«

»Ach ja?«

»Aber hallo!«, ruft der Meister. »Mit Zimt und –«

Ein Klopfen lässt ihn verstummen. Aber da ist niemand, zumindest nicht an der Tür. Es klopft wieder und sein Blick fällt zum Fenster. Dort draußen auf dem Parkplatz, und zwar so nah an der Scheibe, dass es verdammt gruselig ist, steht Pierre. Die wandelnde Lederjacke. Es ist nicht abzuschätzen, wie lange er dort schon steht und was er vielleicht alles gehört hat. Ohne seinen Schuldner aus den Augen zu lassen, tippt Pierre erst auf eine imaginäre Uhr an seinem Handgelenk. Dann, ganz langsam und genüsslich, fährt er sich mit seinem Zeigefinger über den Hals. Sein Fingernagel hinterlässt einen feinen weißen Kratzer.

»Mit Zimt und –«, versucht der Meister, seinen Satz zu Ende zu bringen. Aber erst als Wanda nach der Kordel greift und das Rollo herunterlässt, fängt er sich wieder.

Wanda greift nach seiner Hand. »Sieh mich an«, sagt sie. »Ich verspreche dir: Den bist du bald los.«

31

»Ich muss mit dir sprechen.«

Lynn hat sich in der Cafeteria direkt hinter Wanda in die Schlange gestellt.

»Was gibt's?«, fragt Wanda, die sich von ihrem gestrigen Sturz komplett erholt hat. Da ist nur noch diese Beule als Erinnerung.

Die beiden haben ihren Blick fest auf das heutige Angebot gerichtet. Als wäre es so schwer, sich zwischen Kohlsuppe und Kaiserschmarrn zu entscheiden.

»Das mit dem Zaun und dem Rohr kriege ich hin«, sagt Lynn leise und nimmt sich ein Tablett. »Das ist kein Problem. Aber das Garagentor ist eine andere Nummer. Ich muss wissen, ob es mechanisch oder elektrisch ist.«

»Elektrisch.«

Lynn wirft Wanda einen kurzen Blick von der Seite zu.

»Okay, weißt du auch den Hersteller?«

Wanda nimmt sich einen Salat aus der Vitrine.

»Den krieg ich raus.«

»Super!« Lynn nickt zufrieden. »Sobald ich die Info habe, kann ich einen passenden Schlüssel für die Notentriegelung besorgen«, erklärt Lynn das weitere Vorgehen. »Die löst den Motor von der Schiene. Dann lässt sich das Tor auch ohne größere Manipulation öffnen. Was mir ehrlich gesagt auch verdammt recht ist. Übrigens, was ich dir noch sagen wollte: Es klappt!«

Wanda versteht nicht sofort.

»Es klappt?«

»Ja!« Lynn strahlt jetzt regelrecht. »Es tut verdammt gut, mal über was anderes als mein nächstes Kunstprojekt zu grübeln. Ich glaube, ich habe sogar schon eine Idee, was ich als Nächstes realisiere.«

»Und was?«, fragt Wanda ehrlich interessiert.

Lynn tut geheimnisvoll, aber dann verrät sie es doch: »Einen überdimensionalen Tennisball, der von der Decke der Turnhalle baumelt. Ein kritischer Kommentar zum allgemeinen Fitnesswahn.«

Wanda fällt vor Schreck das Besteck aus der Hand. Und Lynn? Die kann sich vor Lachen kaum halten.

32

Kai verbringt jede freie Minute auf dem Sportplatz. Nicht gerade der optimale Ort für ein Tennistraining. Aber das macht nichts, denn auch der beste Sandplatz würde in diesem Fall keinen Unterschied machen. Man kann es nicht anders sagen: Kai hat null Ballgefühl.

Darüber täuscht auch sein Outfit nicht hinweg. Wanda hat es für ihn aufgetrieben: weiße Shorts, weißes Shirt und neongelbe Schweißbänder. Wild entschlossen steht Kai vor der Außenwand der Turnhalle. Er versucht, sich selbst Bälle zuzuspielen – und scheitert kläglich.

Die anderen, die am Rand des Platzes bei den Bänken abhängen, zeigen gemischte Reaktionen.

Während Lynn und Schulze kaum hinschauen können, scheint Desiree fasziniert von so viel Ungeschick. Sie lehnt sich weit vor, um ja nichts zu verpassen. Gut möglich, dass sie gleich Beifall klatscht.

»Scheiße.« Wanda, die neben dem Meister sitzt, beißt auf ihren Daumennagel. »Ich dachte, er kriegt das hin.«

Der Meister verzieht den Mund.

»Meiner bescheidenen Meinung nach waren Komplikationen vorprogrammiert«, meint er.

»Plural?« Wanda lässt Kai nicht aus den Augen. »Du rechnest mit mehreren Schwierigkeiten?«

»Auf jeden Fall.« Der Meister nickt. »Aber unser Erfolg hängt nicht von der Anzahl der Komplikationen ab. Sondern davon, wie wir mit ihnen umgehen.«

Guter Punkt. Wanda packt ihr Tablet aus und beginnt, sich für jede mögliche Komplikation eine angemessene Reaktion zu überlegen.

Komplikationen (mögliche)

Der Rohrbruch wird zu schnell bemerkt

die Überschwemmung hält sich deshalb in Grenzen

Mr B parkt sein Auto doch in der Garage

Schulze bekommt Nasenbluten

versaut den Perserteppich im Arbeitszimmer (keine Komplikation, eher ein schöner Nebeneffekt)

Schulze verirrt sich in der 32-Zimmer-Villa

Wanda lotst ihn per Handy durch das Gebäude

er findet weder das Arbeitszimmer noch den Ball darin

auf vollen Akku achten!

Dem Meister gelingt es nicht, die Haushälterin in ein Gespräch zu verwickeln

Wanda klettert über eine Leiter

(im Gestrüpp des Bauplatzes gegenüber gelagert)

Wanda anrufen!

Plötzlich schreit Kai laut auf. Wanda blickt zu ihm. Der Sportler reibt sich die Stirn. Irgendwie ist es ihm gelungen, sich mit dem Schläger selbst eines überzubraten.

Wanda seufzt. »Und wie bitte gehen wir damit um?«

»Sorry, Wanda-Amanda.« Der Meister schüttelt den Kopf. »Ich kann hier alle bei Laune halten. Aber das Mastermind bist immer noch du.«

33

Als Kai vom Platz kommt, ist er verschwitzt und wütend. Weil es nichts als vertane Zeit war, die er besser damit verbracht hätte, Zeitungen auszutragen oder dafür zu sorgen, dass seine Mutter was Anständiges isst und an die frische Luft kommt. Das tut Kai, wenn er »krank« ist. Wenn seine Mutter eine ihrer schlechteren Phasen hat. Und letztlich ist es auch der Grund, weshalb er bei der Aktion überhaupt mitmacht. Er will die Kohle ranschaffen, die zu Hause Mangelware ist. An der es sogar gefehlt hat, als seine Mutter noch zwei, drei Jobs gleichzeitig gewuppt hat, während sein Vater keinen Unterhalt gezahlt hat. Wie auch immer, sollen die anderen doch denken, was sie wollen. Von wegen schicke Klamotten, die sind eh immer nur von seinem Cousin geliehen. Ein Kühlschrank, der sich nicht ständig von alleine abtaut – das wäre was.

Kai wirft den Tennisschläger genervt in die Ecke, schnappt sich ein Handtuch und legt es sich über den Kopf.

»Also, das kann er wie ein Profi«, meint Desiree trocken, woraufhin der Meister direkt die Hand hebt, damit sie einschlagen kann. Desiree erstarrt. Der Meister seufzt.

»Das ist der Moment, in dem Freunde ihre Handinnenseiten aufeinanderlegen. Im besten Fall mit Schmackes, damit es angenehm knallt.«

Desiree regt sich immer noch nicht. Freunde? Hat sie gerade richtig gehört? Sie ist völlig überfordert.

»Okay.« Der Meister zieht seine Hand zurück. »Das üben wir noch ein bisschen. So wie … äh, andere Anwesende hier noch ein bisschen an ihrer Trefferquote arbeiten.«

»Keine Chance«, murmelt Kai. Seine Stimme klingt dumpf, weil er immer noch unter dem Handtuch steckt. »Bälle hassen mich.«

Wanda seufzt. »Das geht auf meine Kappe«, sagt sie. »Ich dachte, dass du als Sportass –«

»Was?« Endlich zieht Kai sich das Handtuch vom Schädel. Seine Haare stehen in alle Richtungen. »Was dachtest du genau? Dass ich als Sportass alles kann? Ich mache Leichtathletik. Leichtathletik! Ich kann rennen, springen, werfen.«

»Ich lass mir was einfallen«, sagt Wanda.

»Zeig uns doch mal, was du kannst.«

»Was?«

Kai sieht Wanda herausfordernd an.

»Na, du hast in den letzten Tagen bestimmt auch fleißig trainiert, oder?« Die Stimmung ist umgeschlagen. Kai, der auf einmal weiß, wohin mit seinem ganzen Frust, sieht Wanda jetzt direkt in die Augen, doch sie hält dem Blick stand. »Wenn ich mich richtig erinnere, musst du klettern. Dann los!«

34

Alle Blicke richten sich auf Wanda. Es war klar, dass es früher oder später zu so einer Situation kommen würde. Dass sie herausgefordert wird, sich beweisen muss. Aus genau dem Grund hat sie sich vorbereitet: Wanda trainiert nämlich nicht erst seit ein paar Tagen. Wanda trainiert seit Wochen.

»Okay«, sagt sie und steht auf. »Was willst du sehen?«

Kai deutet zur Turnhalle.

»Steig auf das Dach.«

Wanda legt den Kopf in den Nacken. Das sind bestimmt sieben Meter, wenn nicht mehr. Aber unten im Mauerwerk gibt es einen praktischen Vorsprung und weiter oben diese Verstrebungen aus Stahl. Es ist nicht ohne, natürlich nicht. Aber es ist auch kein Ding der Unmöglichkeit.

Wanda beginnt damit, sich warm zu machen. Die anderen stehen wortlos im Halbkreis um sie herum. Als Wanda nach ein paar lockeren Luftsprüngen die Augen schließt, um sich zu fokussieren, ist auf einmal der Meister dicht neben ihr.

»Lass es«, sagt er mit eindringlicher Stimme.

Wanda schlägt die Augen auf. Sie blickt zum Meister und schüttelt den Kopf. Wenn sie das hier jetzt nicht macht, denkt sie, war alles umsonst.

35

Minuten – gefühlte Stunden – später zieht Wanda sich aufs Dach. Sie liegt flach auf dem Bauch und spürt das Zittern ihrer Muskeln. Ihr Herz klopft in doppeltem Tempo. Einmal war es richtig knapp; sie ist mit dem linken Fuß abgerutscht und hat den Halt verloren. Irgendjemand hat geschrien, vielleicht Lynn, vielleicht Schulze. Vielleicht war das Schreien auch nur in ihrem Kopf. Es spielt keine Rolle. Wanda hofft, dass damit alles geklärt ist. Die anderen sollten jetzt wissen, dass auch sie was riskiert. Wanda ist nicht nur das Mastermind im Hintergrund, das sich entspannt zurücklehnt. Im Gegenteil. Sie hat längst beschlossen: Wenn es darauf ankommt, nimmt sie alles auf sich. Genau genommen ist das sogar ein Teil ihres Plans.

Endlich ist Wanda wieder in der Lage aufzustehen. Sie klopft sich den Schmutz von der Hose, dann nimmt sie die Feuerleiter nach unten, wo die anderen auf sie warten. Niemand sagt ein Wort, aber ihre Gesichter sprechen Bände. Der Meister schnalzt mit der Zunge. Und in dem Moment weiß Wanda: Sie hat sich geirrt. Sie hat sich so was von geirrt! Niemals, zu keinem Zeitpunkt, musste sie auf das verdammte Dach. Die anderen wären auch so dabeigeblieben. Jeder Einzelne von ihnen. Weil das Ding längst eine Eigendynamik entwickelt hat, die verdammt noch mal nicht zu unterschätzen ist.

36

Eine entscheidende Sache hat sich verändert. In der zweiten Woche, in den Tagen vor dem Coup, sind sie weiterhin mit ihren Vorbereitungen beschäftigt – aber sie haben Spaß dabei. Natürlich hängen sie in der Schule nicht die ganze Zeit miteinander ab, das wäre verdächtig. Kai verbringt seine Freistunden wie gehabt mit seinen Sportlern und Fans, Lynn beschäftigt sich in ihrem Atelier und Desiree und Schulze sind wer weiß wo. Nur Wanda und der Meister stecken oft die Köpfe zusammen. Aber zwischen allen sechs besteht diese Verbundenheit. Wenn sie sich im Flur über den Weg laufen, nicken sie sich zu, zwinkern oder lächeln kurz. Niemand weiß es, aber es gibt keinen Zweifel: Sie gehören zum gleichen Klub.

Regelmäßig werden sie in ihren persönlichen Vorbereitungen durch einen Anruf des Meisters unterbrochen. Er hat seine Nummer unterdrückt und stellt sich wahlweise als Talentscout, als Galeristin, Typ vom Mobilfunkanbieter, Sekretär der D-Rex oder Satan persönlich vor. Mal mit mehr Erfolg, mal mit weniger. Als der Meister schließlich die perfekte Stimme und Tonlage für den Anruf beim Tennisverein gefunden hat, geht er dazu über, die anderen mit selbst gebackenen Muffins zu versorgen.

»Wenn du Törtchen dabeihast, kannst du gleich wieder abhauen«, ruft Kai dem Meister zu, als dieser eines

98

Tages nach der sechsten Stunde mit einer Box auf dem Schoß zum Sportplatz kommt. »Meine Trainerin sagt, ich muss auf meine Ernährung achten.«

Achselzuckend nimmt der Meister sich einen Muffin mit rosa Guss aus der Box und beißt genussvoll ab.

»Hab da was Neues ausprobiert«, berichtet er ungefragt. Ungefragt und schmatzend. »Kokosflocken. Extrem gut für Sportler. Du weißt schon, Magnesium, Kalium, Omega 3.«

Mit diesen Worten nimmt er einen zweiten Muffin aus der Box. Dieses Mal mit grünem Guss, auch hübsch. Kais Magen knurrt.

»Ist da Schokolade drin?«, fragt er.

»Würde dir das denn gefallen?«, fragt der Meister mit lockendem Unterton zurück. »Warum findest du es nicht selbst heraus?«

»Du elender Verführer!«, flucht Kai und schwingt sich über das Geländer. »Aber ich nehm nur einen, klar?«

Es werden zwei. Und dann erzählt Kai dem Meister, was er sich hat einfallen lassen. Er wird bei seinem großen Auftritt als Tennistrainer kein Tennistraining machen, sondern Konditionstraining.

»Das heißt?«, fragt der Meister.

»Das heißt, dass ich diese kleinen orangenen Hütchen aufstelle und Mr B von einem zum anderen jage. Natürlich mit Blickrichtung weg vom Haus. Der wird nicht mal daran denken, einen Tennisschläger in die Hand zu nehmen. Und wenn er das nicht tut, muss ich es auch nicht machen.«

»Klingt gut«, sagt der Meister.

»Ja.« Kai nickt und nimmt sich einen allerletzten Muffin. »Finde ich auch.«

37

Lynn hat in der Zwischenzeit die Garagentore ihrer näheren Verwandtschaft mehrmals geöffnet und wieder geschlossen. Entsprechend groß ist die Zuversicht, dass ihr das auch bei der Villa schnell gelingen wird – dem Notentriegelungsschlüssel sei Dank. Es war übrigens keine große Sache, den passenden Schlüssel aufzutreiben: Erst hat der Meister mit seiner Satanstimme beim Kundendienst des Herstellers angerufen, dann hat Wanda 34,90 auf das angegebene Konto überwiesen. Keine zwei Tage später landete der Schlüssel in ihrem Briefkasten – dank gefälschtem Nachsendeantrag.

Seitdem könnte Lynn sich eigentlich entspannt zurücklehnen. Doch sie hat beschlossen, Wanda bei der Ballbeschaffung zu unterstützen.

Diese stellt sich nämlich als überraschend kompliziert heraus. Denn der Hans-Åke-Eriksson-Ball ist kein normaler Ball. Es ist ein Ball von Durand.

Die Firma ist in der Tenniswelt für genau zwei Dinge bekannt. Zum einen für die strahlend weißen Filzbälle mit dem blauen Logo. Zum anderen für die Tatsache, dass sie ihre Produktion schon vor Jahrzehnten eingestellt hat. Kurz überlegt Wanda, einfach einen anderen weißen Tennisball zu nehmen. Gewisse Exzentriker spielen nur mit weißen Bällen. Doch die Idee verwirft sie sofort wieder. Denn der gute Hans-Åke hat seine Signatur natürlich direkt neben das markante Durand-

Logo gepflanzt. Aus diesem Grund brauchen sie einen Durand-Ball; sonst können sie das mit dem Austausch gleich bleiben lassen.

Glücklicherweise braucht Lynn für ihre Installationen immer mal wieder spezielles Material – zuletzt ein Telefon mit Wählscheibe und eine Kühlbox aus den 80ern. Das heißt, sie ist Profi im Auftreiben von ungewöhnlichen Dingen. Und nachdem Lynn zwei Tage mehr oder weniger im Internet verbracht hat, tut sich endlich was. Ausgerechnet in Französisch.

Lynn sitzt in der letzten Reihe; auf ihren Knien das Handy, auf dem Display der Ball. Sie stutzt, weil sie es kaum glauben kann. Aber es gibt keinen Zweifel. Das da ist ein Durand-Ball. Weiß, mit blauem Logo, von 1982. Nur noch einen Klick entfernt.

»Yes!«

Sechzehn verwunderte Augenpaare richten sich auf Lynn und ihr wird bewusst, dass sie wohl nicht nur innerlich gejubelt hat. Verdammt.

»In meinem Fach heißt es immer noch *Oui*«, sagt die Arslan prompt. »Aber ich freue mich trotzdem, dass du an die Tafel möchtest. Ein seltener Gast hier vorne.« Mit einem hinterhältigen Lächeln hält sie Lynn ein Stück Kreide hin.

Neben Lynn beginnt Schulze, irgendetwas zu flüstern. Garantiert die Antwort auf das Rätsel an der Tafel. Doch das kann Lynn leider nicht retten, weil sie absolut keinen Plan hat, worum es gerade geht. Vorsagen hilft nur, wenn man eine vage Idee von der Aufgabe hat. Es gibt also kein Entrinnen. In wenigen Sekunden wird die

Arslan sie genussvoll vernichten. Aber das kann Lynns Laune nicht trüben. Nichts kann das in dem Moment. Denn bevor sie aufsteht, tippt sie ein letztes Mal auf das Display. Gekauft.

Sie haben den Ball.

38

Was niemand weiß: Auch Schulze bereitet sich vor. Keine Frage, zuerst hat er sich über die Ansage gefreut, dass für ihn vorab nichts zu tun ist. Dass er einfach er selbst sein soll. Doch je mehr Zeit verstreicht – und je mehr die anderen in ihren Vorbereitungen aufgehen – desto nutzloser kommt er sich vor. Schulze denkt nach: Seine Aufgabe ist es, sich in die Villa zu schleichen und sich (nach einem ebenso simplen wie entscheidenden Handgriff) wieder hinauszuschleichen. Das lässt sich sehr wohl trainieren!

Er beginnt, sich den anderen Teammitgliedern immer wieder unbemerkt zu nähern. Sich auf leisen Sohlen anzuschleichen und ihnen heimlich über die Schulter zu gucken. Er lauscht den Selbstgesprächen des Meisters, in denen er seine Rolle als neuer Nachbar übt. Er nimmt die Fortschritte wahr, die Desiree beim Fälschen der Signatur macht. Er beobachtet Kai, der sein Trainingsprogramm immer weiter verfeinert. Er erfährt mehr über Wanda, ihren Plan und seine Hintergründe als alle anderen zusammen. Vor allem aber bewundert er Lynn. Bei allem, was sie tut.

Schulze redet sich ein, dass es besonders sinnvoll ist, Lynn zu beschatten. Weil sein Herz dann so stark klopft, wie es das sicher auch tun wird, wenn er in die Villa einsteigt. So kann er sich schon mal an das Adrenalin gewöhnen, das durch seinen Körper pumpt.

»Genug geglotzt?«

Eine große Hand legt sich wie eine Tatze auf seine Schulter. Schulze dreht sich um und blickt in Desirees blitzende Augen.

»Was soll das?«

»Genau das wollte ich dich auch gerade fragen«, brummt Desiree und nickt in Richtung Lynn.

Schulze räuspert sich.

»Ich ... trainiere.«

»Uh.« Desiree kratzt sich am Kopf. »Ich dachte, das heißt Stalken.«

Schulze läuft rot an.

»Ich stalke nicht.«

»Schon klar.«

Schulze ist wirklich kein Stalker. Mit Definitionen kennt er sich aus. Stalken meint wiederholtes, hartnäckiges Verfolgen oder Belästigen einer Person, die dadurch bedroht wird. Trifft hier eindeutig nicht zu. Aber er sieht keinen Grund, Desiree darüber aufzuklären.

»Lass es einfach«, sagt sie jetzt.

Schulze runzelt die Stirn. »Warum?«

»Weil es nicht nötig ist, verdammt.« Desiree seufzt. »Du musst nicht üben, wie man sich unsichtbar macht. Du bist unsichtbar. Und du bleibst es auch.« Schulze klappt seinen Mund auf und wieder zu. »Sorry, Mann«, sagt Desiree. »Ist nicht böse gemeint.« Da ist sie wieder, die Pranke auf seiner Schulter. Sie drückt ihn ein bisschen. Schulze nickt. Und dann fasst er einen Entschluss. Er wird es ihnen allen schon noch zeigen. Wenn er will, ist er nicht zu übersehen. Für niemanden.

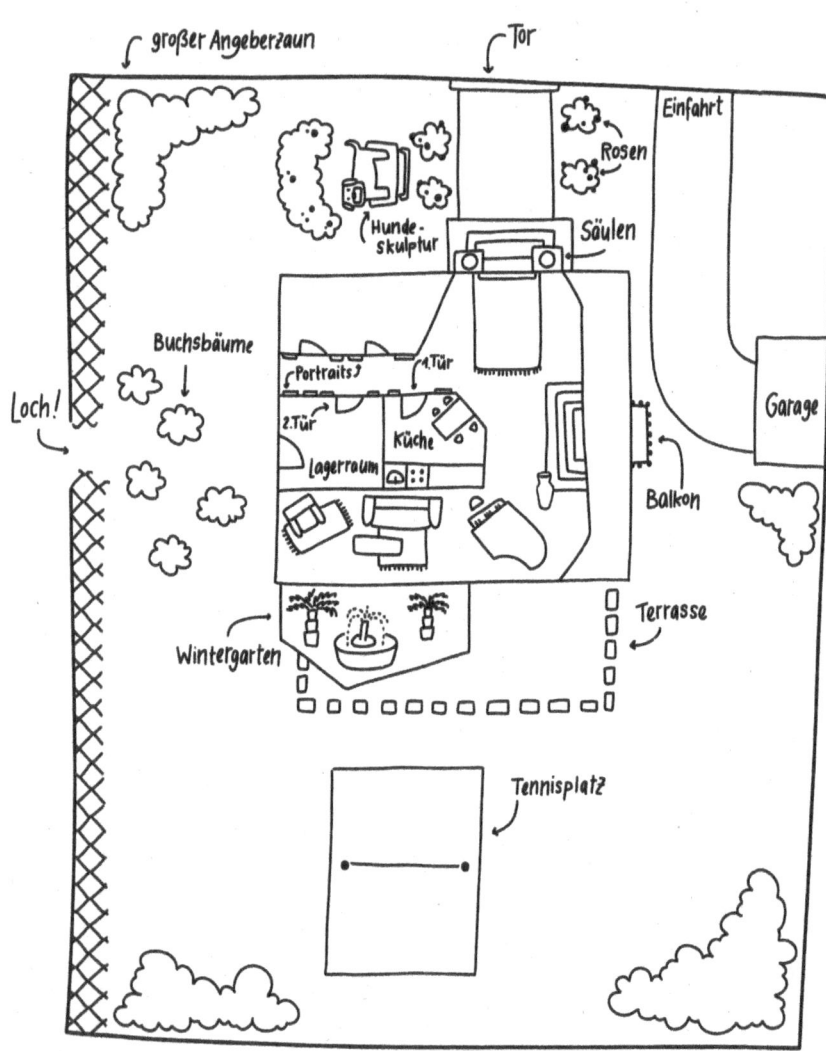

großer Angeberzaun

Tor

Einfahrt

Rosen

Hunde-skulptur

Säulen

Buchsbäume

Portraits

1.Tür

Loch!

2.Tür

Küche

Garage

Lagerraum

Balkon

Wintergarten

Terrasse

Tennisplatz

zweiter Teil
UMSETZUNG

1

Der verträumte Pavillon im Stadtpark ist die perfekte Basis. Halb verborgen hinter irgendwelchen Büschen, deren Name niemand kennt und auch niemanden interessiert. Wichtig ist nur: Der Pavillon mit dem hübschen Kuppeldach und der praktischen Bank liegt in der Nähe der Villa. Der Meister und Lynn haben ihn letztes Jahr entdeckt, an einem ganz bestimmten lauen Sommerabend – doch das ist ein anderes Thema.

Es ist das erste Mal, dass sich das Team außerhalb der Schule trifft. Das fühlt sich merkwürdig an. Schon die Begrüßung fällt unbeholfen aus. Keiner scheint zu wissen, was angemessen ist. Ein kurzes Nicken? Ein lässiges High Five? Vielleicht hätten sie auch das vorher üben sollen: die Begegnung außerhalb des Schulgeländes. Wobei möglich ist, dass es gar nicht am Setting liegt, sondern an der allgemeinen Anspannung. Denn allen ist klar: Jetzt wird es ernst. In zwei Stunden sind sie entweder um 30.000 Euro reicher. Oder komplett am Arsch.

2

Vor ihnen auf der Bank liegt ihre Ausrüstung. Kai – schon im Traineroutfit – hat orangefarbene Markierungskegel mitgebracht. Der Meister trägt einen Korb herrlich duftender Muffins, Desiree einen Edding 3000 und Lynn Schlüssel, Seitenschneider und Handsäge dazu bei. Schulze legt nichts auf die Bank, aber das bedeutet nicht, dass er mit leeren Händen dasteht.

Bevor er aufgebrochen ist, hat er ein zusammengefaltetes Blatt Papier eingesteckt. Was daraufsteht, darf niemand wissen – noch nicht.

Als Lynn schließlich den strahlend weißen Durand-Ball aus ihrem Rucksack holt, halten alle für einen Moment den Atem an. Ihr Blick fällt auf Desiree, die mit zusammengepressten Lippen nickt. Sie ist bereit. Die Signatur hat sie tausendmal geübt, fast geht sie ihr leichter von der Hand als ihre eigene.

Desiree zückt den Edding.

»Weißt du, an welcher Stelle?«

Desiree nickt.

»Soll ich den Ball festhalten?« Desiree schüttelt den Kopf. Das kann sie selbst. Mit der rechten Hand greift sie den Ball, dreht ihn so, dass das Logo zur Seite zeigt. Sie schließt für einen Moment die Augen. Jetzt sagt niemand mehr ein Wort. In ihrem Kopf sieht Desiree die Buchstaben vor sich: das selbstbewusste H, gefolgt von einem vernachlässigten a, kurz darauf der kaum sicht-

bare Bindestrich, der die beiden Vornamen wie einen einzigen langen wirken lässt, und schließlich das dominante *Eriksson*. Desiree atmet aus und setzt die Stiftspitze auf den Filz.

»Also, meine Wenigkeit hätte definitiv mit Bleistift vorgeschrieben.«

Da passiert es: Der Filzstift rutscht ab und hinterlässt eine hässliche Bremsspur.

»Ups«, macht der Meister. Desiree lässt den Ball fallen. Sie spürt das Blut in ihren Ohren rauschen. Vor lauter Fassungslosigkeit kann sie nicht einmal fluchen. Sie hat es versaut. Da gehört sie einmal irgendwo dazu und versaut es, bevor es überhaupt richtig angefangen hat. Schon klar, die Chancen standen hoch, dass irgendeiner die Sache vermasselt. Aber Desiree hatte auf Kai getippt. Auf Kai oder den Meister. Moment. In Desirees Hirn macht es klick. Genau genommen *hat* der Meister es versaut. Weil er sein verdammtes Maul nicht halten konnte. Sonst wäre ihr das eben nicht passiert. Genau, der Meister ist schuld!

Desiree wirbelt herum.

»Sorry«, murmelt der Schuldige. Desiree schnauft. Am liebsten würde sie ihn an der Gurgel packen. Nein, sie *wird* ihn an der Gurgel packen. Und dann kann sie für nichts mehr garantieren.

Lynn, die wie alle anderen genau merkt, was hier vor sich geht, und das beste Reaktionsvermögen hat, schiebt sich vor den Meister.

»Ich weiß«, sagt sie.

»Was?« Desiree spuckt das Wort nur so heraus. Ihre Hände hat sie zu Fäusten geballt.

»Ich weiß, wie ätzend es ist, dass der Typ einfach nicht kapiert, wann er still sein soll.«

Und das stimmt. Der Meister hat Lynn in Situationen das Ohr abgequasselt, in denen man alles tun sollte, nur nicht das. Sogar hier, im Pavillon. Vor allem hier.

»Einspruch«, macht es prompt hinter ihrem Rücken.

»Siehst du?«, sagt Lynn sanft. »Er kapiert es einfach nicht.«

»Dann muss man es ihm mal klarmachen!«

»Ich fürchte, das bringt nichts«, sagt Lynn seufzend.

Ohne Desiree aus den Augen zu lassen, beginnt Lynn, in ihrem Rucksack zu kramen. Dann, nach einer gefühlten Ewigkeit, findet sie endlich, wonach sie sucht. Lynn zieht einen Ball hervor. Weiß, mit blauem Logo.

Das ändert alles.

3

»Wir haben zwei Bälle?!«

»Wäre ja ganz nett gewesen, das früher zu wissen«, meint der Meister, der in Anbetracht der wütenden Desiree doch etwas ins Schwitzen geraten ist. Er wirft Wanda einen vorwurfsvollen Blick zu.

»Ich wusste das nicht«, verteidigt sie sich.

»Mir ist im Netz dann noch ein Ball begegnet«, erklärt Lynn. »Und da dachte ich, ist vielleicht gar nicht so schlecht.«

Desiree zieht die Augenbrauen zusammen.

»Weil du erwartet hast, dass ich es verbocke?«

»Mensch, Desiree, jetzt freu dich doch einfach mal!«, mischt Kai sich ein. »Du haust da jetzt deine Unterschrift drauf und alles ist gut.«

»Alles paletti, Konfetti«, stimmt ihm der Meister zu.

»Ich geb dir gleich Konfetti«, brummt Desiree. Aber es klingt schon deutlich weniger finster. Und ehe noch jemand einen weiteren, völlig überflüssigen Kommentar abgeben kann, hat Desiree es auch schon getan. Auf dem Ball prangt eine Signatur. So gefälscht wie fabelhaft.

4

Der Meister hat seinen ersten Auftritt. Er soll im Tennisverein anrufen, sich als Assistent von Mr B ausgeben und die heutige Stunde seines angeblichen Chefs absagen. Eigentlich kann der Meister so etwas aus dem Effeff. Er nennt sich nicht umsonst den Laber-Automaten. Trotzdem besteht er darauf, seine Stimme aufzuwärmen.

Die anderen starren ihn an, wie er ein paar Meter entfernt vor dem Pavillon in der Sonne steht und dabei dubiose Geräusche von sich gibt. Erst Konsonanten, dann Vokale. Mal mit, mal ohne herausgestreckte Zunge.

»Hat er Schmerzen?«, fragt Kai. »Es klingt, als würde ihm etwas wehtun.«

»Ich hab Schmerzen!«, motzt Desiree, die noch nicht über die letzte Aktion des Meisters hinweg ist. »Ohrenschmerzen! Wenn der so weitermacht, bluten die gleich.«

»Ich habe Taschentücher«, sagt Schulze, ohne die Miene zu verziehen.

Mittlerweile ist der Meister bei den ersten Wörtern angekommen.

»Hat er gerade *Honigmäulchen* gesagt?«

»Ich hab *Mandelmus* verstanden.«

Lynn nickt.

»Ich glaube, Wörter mit M sind irgendwie gut für die Stimmbänder.«

»Morgensonne«, flötet der Meister just in dem Moment. »Mmh, diese Morgensonne!«

Unweigerlich heben alle den Blick: Der Himmel ist bewölkt. Und natürlich kann auch von Morgen gar nicht die Rede sein. Da scheint sich der Meister auch schon genug aufgewärmt zu haben; zufrieden kehrt er zum Pavillon zurück.

»Ich bin so weit«, verkündet er und seine Stimme klingt wirklich anders. Irgendwie voller und tiefer. Erwachsener. Wortlos reicht Wanda dem Meister ihr Handy. Die Nummer des Tennisvereins ist längst eingespeichert, ihre eigene hat sie unterdrückt. Als der Meister seinen Zeigefinger an die Lippen legt, um den anderen zu bedeuten, ruhig zu sein, spürt Desiree wieder ihre Wut aufflackern. Es ist verlockend, ihm seinen Auftritt ebenfalls zu versauen. Doch sie beherrscht sich. Und kaum hat der Meister losgelegt, kann sie sowieso nur noch staunen. Man kann es nicht anders sagen: Der Laber-Automat zieht mit seiner Stimme alle in seinen Bann.

Trainingsabsage
beim Tennisclub

Kai springt
als Trainer ein

»Ja, wunderschönen guten Tag, hier Schulze. Tim Schulze. Ich bin der Assistent von ... ja, genau! ... Ah, das hört man gern ... der Grund meines Anrufs: Ich muss die Stunde heute leider verschieben ... Herr Bruckmann ist verhindert ... Danke für Ihr Verständnis, sagen Sie bitte dem Trainer ... wie heißt er noch ... Andy, genau, ja, sagen Sie Andy bitte ab? ... Richtig, nächste Woche, gleiche Zeit, gleicher Ort ... ja Ihnen auch, Ihnen auch. Auf Wiederhören!«

Hochzufrieden mit sich selbst legt der Meister auf.

»Ich würde sagen, das haben sie geschluckt.«

5

Einen Moment lang herrscht beeindruckte Stille. Dann macht Schulze den Mund auf.

»Wieso?« Er spricht nicht sonderlich laut, aber eben doch laut genug. »Wieso Tim Schulze?«

Der Meister verzieht den Mund. »Wieso nicht?«

»Weil das mein Name ist.«

»Du heißt Tim Schulze?«

Schulze nickt, was nicht nur den Meister zu überraschen scheint.

»Schöne Scheiße«, murmelt Desiree.

»Sicher, dass dein Vorname Tim ist?«, hakt der Meister nach. »Nicht Tom? Oder Thomas oder … Alex? Ich finde, du siehst aus wie ein Alex.«

Tim schüttelt den Kopf, woraufhin der Meister mit den Schultern zuckt.

»Klarer Fall von: Zufälle gibt's!«

Zufall oder nicht: Das ist natürlich suboptimal. Wanda wirft dem Meister einen Blick zu, der genau das ausdrückt.

»Das war improvisiert«, verteidigt er sich. »Der Name ist mir einfach so von der Zunge geflutscht. Wie ein gut gelutschter Drops.«

Schulze steckt die Hand in die Hosentasche, spürt das zusammengefaltete Stück Papier und entspannt sich – ein wenig.

6

Es ist an der Zeit, dass Lynn die Basis verlässt. Sie kennt den Plan, sie ist darauf eingestellt – trotzdem fällt es ihr schwer. Um noch ein bisschen Zeit zu schinden, bindet sie sich die Schuhe zweimal neu. Dann richtet sie sich auf, nimmt den Schlüssel und packt Seitenschneider und Handsäge in ihren Rucksack.

»Ich komme mit«, hört Schulze sich selbst sagen. Über den Satz ist er genauso verwundert wie alle anderen. Wenn nicht noch mehr.

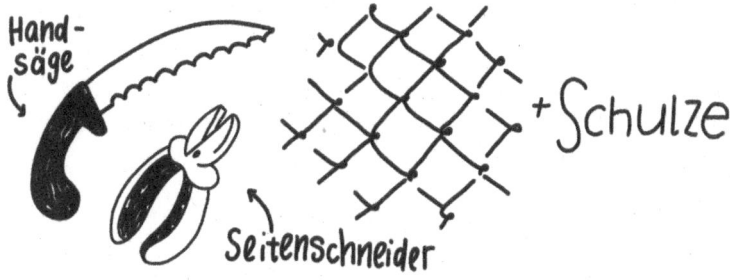

Wanda öffnet den Mund, um zu protestieren. Schließlich ist sie hier die Strategin. Sie hat sich stundenlang den Kopf darüber zerbrochen, wer wann wo zu sein hat.

Doch ehe sie etwas sagen kann, nickt Lynn. »Er kommt mit«, wiederholt sie.

Und da hält Wanda die Klappe und Schulze kommt einfach mit.

Schweigend machen sich die beiden auf den Weg zur Villa. Als sie den Park verlassen, spricht Lynn an, was ihr schon eine ganze Weile im Kopf herumschwebt.

»Bist du eigentlich gern Schulze?«

Schulze ist unsicher, wie die Frage gemeint ist. Will Lynn wissen, ob er damit einverstanden ist, dass er so genannt wird? Oder fragt sie, ob er gern er selbst ist? (Was in dem Augenblick zutrifft.) Lynn scheint sich über die Zweideutigkeit ihrer Frage jetzt auch bewusst zu werden.

»Ich meine: Magst du deinen Spitznamen? *Der Meister* mag seinen fast zu gern. Zumindest für meinen Geschmack.«

Darüber hat Schulze noch nie nachgedacht. Er kann nur mit den Schultern zucken. Außerdem ist er für alles andere sowieso viel zu aufgeregt. Er ist allein mit Lynn. Also nicht allein-allein. Aber doch alleiner als sonst. Und das Papier in seiner Hosentasche brennt gefühlt gerade lichterloh.

»Wenn du willst, nenn ich dich Tim«, sagt Lynn und sieht ihn von der Seite an. »Überleg es dir.«

7

In viel zu kurzer Zeit erreichen sie die Villa. Ein imposantes Gebäude mit Säulen zu beiden Seiten der Eingangstür. Der prächtige Vorgarten ist geschmückt mit Rosenstöcken und einer eigenwilligen Hunde-Skulptur.

»Ist das ein Mops?«

»Englische Bulldoge«, murmelt Schulze. Mit Hunden kennt er sich aus. Seine Familie hat eine Retrieverdame, die bald Nachwuchs bekommt. Darauf freut er sich sehr.

»Oh«, macht Lynn, die sich zwar für den Tierschutz einsetzt, mit Hunden aber bislang eher weniger zu tun hatte. Was sich laut Wanda heute auch nicht ändern wird, da dieser spezielle Hund (bzw. sein lebendiges Vorbild) in der Küche eingesperrt sein sollte. Wie er es immer ist, wenn die Gärtner auf dem Grundstück sind. Dass Letzteres zutrifft, ist am Transporter zu erkennen, der auf der gegenüberliegenden Straße parkt. Außerdem ist es auch nicht zu überhören: Vom Garten hinter dem Haus schallt Rasenmäherlärm zu ihnen. Lynn und Schulze laufen am massiven Zaun entlang, der um die Ecke führt und an der Seite plötzlich sein Ende findet. Stattdessen markiert hier nur hoher Maschendraht die Grundstücksgrenze. Während Lynn sich mit dem Seitenschneider daran zu schaffen macht, steht Schulze Schmiere.

»Ich vergrößere das Loch noch ein bisschen«, murmelt Lynn, nachdem sie Schulze mehrmals taxiert hat, als müsse sie Maß nehmen. (Was ihm sowohl angenehm als auch unangenehm ist. Schwer zu sagen, was überwiegt.)

Als Lynn fertig ist, beginnt sie herumzudrucksen. »Ähm«, macht sie. »Also … ich geh dann mal da durch und mache weiter mit meiner Sachbeschädigung.«

»Ich warte auf der anderen Straßenseite«, murmelt Schulze. »Ich bleib in der Nähe.«

Kaum hat er den Satz ausgesprochen, kommt er ihm blöd vor. Blöder als blöd. Er bleibt in der Nähe, wie heldenhaft von ihm! Als würde es was ändern. Denn Lynn ist natürlich komplett auf sich allein gestellt. Sie muss allein durch den Zaun, sie muss die Garage allein öffnen und sie muss das Rohr allein kaputt machen. Allerdings scheint Lynn den Satz gar nicht so blöd zu finden. Im Gegenteil. »Danke«, sagt sie und sieht Schulze für den Bruchteil einer Sekunde direkt in die Augen. Dann setzt sie ihre Kapuze auf und ist im nächsten Moment auch schon durch das Loch verschwunden.

8

Als Lynn vor der Garage steht, klopft ihr Herz bis zum Hals. Immer wieder guckt sie über ihre Schulter, um sich zu vergewissern, dass niemand kommt. Vor allem ein ganz bestimmter Wagen nicht. Wanda, die die Abläufe hier seit Wochen studiert, hat gesagt, dass Mr B frühestens in einer halben Stunde zurückkehrt. An diesem Gedanken versucht Lynn sich festzuhalten, als sie den Schlüssel in das Schloss für die Notentriegelung steckt. Aber im Ernst, was sind schon dreißig Minuten? Verdammt wenig. Lynn dreht den Schlüssel und zieht ihn mitsamt dem Zylinder wieder heraus. Daran ist wie erwartet ein Drahtseil befestigt; mit einem kurzen Zug entkoppelt Lynn das Tor vom Torantrieb. Jetzt kann sie es mit der Hand öffnen. So weit, so gut.

Lynns Blick gleitet über die weiß getünchten Wände der Garage. Das Rohr, auf das es ankommt, ist auf Kniehöhe verlegt. Wahrscheinlich führt es zu einer Sprinkleranlage im Garten. Kurz überlegt Lynn, wo sie die Säge ansetzen soll. Da entdeckt sie das Ventil. Genauso eins haben sie auch zu Hause, im Keller. Damit entleert Lynns Mutter die Leitungen, bevor der Frost kommt. Lynn hat einen Geistesblitz: Eigentlich braucht sie doch nur das Ventil aufzudrehen!

Einen Handgriff später sprudelt das Wasser nur so aus der Öffnung heraus. Fast muss Lynn laut lachen. Wer hätte damit gerechnet, dass es so einfach ist? Fest steht:

Diese Planänderung ist ganz nach ihrem Geschmack. Denn wenn sie die Säge nicht auspackt, dürfte zumindest dieser Eingriff nicht als Sachbeschädigung zählen, oder?

Als sich die erste Pfütze bildet, tritt Lynn zufrieden den Rückzug an. Raus aus der Garage, an der Villa entlang, durch das Loch im Zaun und auf die andere Straßenseite, zu Schulze.

9

Da geschieht das Unfassbare: Mr B kommt zurück. Lynn ist noch mit einem Bein auf der Fahrbahn, als sein dunkler Wagen langsam um die Ecke biegt. Wem sonst soll die Karre mit der glänzenden Kühlerfigur auf der mächtigen Haube gehören? Lynns erster Impuls ist es, loszurennen. Egal wohin, nur weg von hier. Doch Lynn reißt sich zusammen. Weil sie sonst nur unnötige Aufmerksamkeit auf sich zieht. Sie muss an ihr anfängliches Zögern denken, an ihr Gespräch mit Wanda im Atelier. Denn es gibt keinen Zweifel: Wenn jemand mit ihrer Hautfarbe irgendwo wegrennt, wird er schneller verdächtigt, Dreck am Stecken zu haben. Auch wenn Lynn natürlich zugeben muss, in diesem Fall wirklich nicht ganz unschuldig zu sein. In diesem Moment bereut sie, bei Wandas Aktion mitzumachen.

Lynn hält sich an den Riemen ihres Rucksacks fest und läuft wie ferngesteuert weiter. Die Zähne aufeinandergepresst, schaut sie stur geradeaus.

Kaum hat Lynn Schulze erreicht, greift sie nach seiner Hand. Gemeinsam gehen sie weiter. Langsam und kontrolliert. Gut möglich, dass Lynn einen Schock hat. Nicht auszudenken, was passiert wäre, wenn sie sich jetzt noch in der Garage befände … Lynn schüttelt sich, um den Gedanken loszuwerden, und drückt Schulzes Hand ein bisschen fester. (Dem das jetzt, so schön es auch ist, fast ein bisschen wehtut.)

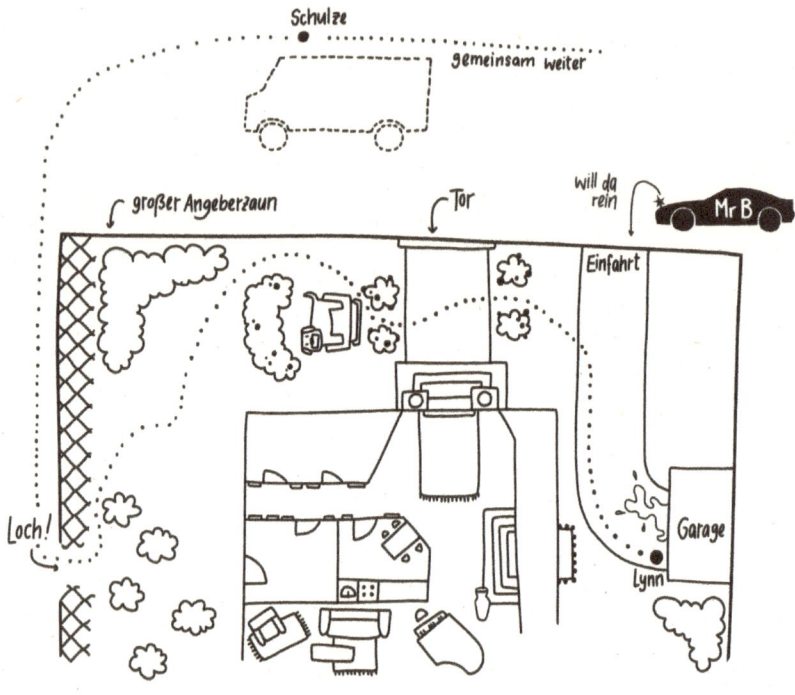

Noch ein paar Meter, dann traut Lynn sich, über ihre Schulter zurückzublicken. Das Tor zur Einfahrt hat sich geöffnet und der teure Schlitten gleitet hinein. Keine Sekunde später ertönt aufgebrachtes Dauerhupen. Es gibt keinen Zweifel: Mr B hat die Überschwemmung entdeckt. Lynn und Schulze beschleunigen ihre Schritte, erst ein bisschen, dann ein bisschen mehr. Kaum sind sie um die Ecke, rennen sie los.

10

»Du hast Mist erzählt!«

Mit diesem Satz auf den Lippen und jeder Menge Ärger im Bauch stürmt Lynn in den Pavillon. »Du hast riesigen Mist erzählt.«

Schulze nickt bekräftigend, woraufhin Wanda die Stirn runzelt. In Gedanken geht sie mögliche Komplikationen durch. Vielleicht war das Rohr zu massiv und Lynn hat es mit ihrer Säge nicht durchgekriegt? Das wäre in der Tat ein Problem. Wenn das Auto nicht in der Einfahrt parkt, müssen sie die Leiter aus dem Gebüsch holen. Was natürlich auffälliger ist – aber machbar! Ein Glück, dass Wanda die möglichen Komplikationen vorher durchgespielt hat.

»Der Typ kam viel zu früh zurück«, klärt Lynn sie auf, »da war ich mit meinem Hintern noch halb in der Garage.«

Das ist zwar eine Übertreibung. Doch die scheint in diesem Fall angemessen. Wanda legt den Kopf schief.

»Hat er dich gesehen?«

»Ich glaube nicht.«

»Und das Rohr?«

»Ob er das Rohr gesehen hat?«

»Ich meine, ist das Rohr kaputt?«

»Nein.«

Wanda zieht scharf die Luft ein. Auch die anderen scheinen einen Moment fassungslos. Sogar Desiree, die ihren Unterarm mit einem Edding-Kunstwerk versieht, sieht auf.

Da beginnt Lynn zu lächeln.

»Ich musste nur ein Ventil öffnen«, sagt sie triumphierend. »Und schon Walle, walle!«

»Walle, walle?!« Der Meister sieht Lynn mit großen Augen an.

»Das ist Goethe, du Banause!«

Lynn seufzt.

»Der Zauberlehrling. Deutsch, 7. Klasse?«

Der Meister schüttelt den Kopf.

»Muss ich verschlafen haben.«

»Schöne Scheiße«, bemerkt Desiree. Und es bleibt wie so oft unklar, was genau sie damit eigentlich meint.

11

»Leute«, ruft Wanda, deren Wangen sich vor Aufregung gerötet haben. »Wir müssen uns an den Plan halten! Ich habe alles genau durchdacht. Wenn alle einfach machen, was sie wollen, dann …«

»Dann was?«, fragt Kai. Er hat die Arme vor der Brust verschränkt und sieht Wanda herausfordernd an.

»Dann … dann kann ich für nichts garantieren!«

»Das kannst du doch eh nicht!«, ruft Kai, der auf einmal ziemlich aufgebracht ist. »Ich meine, wer kann das schon? Kann dir jemand garantieren, dass dein Vater dich und deine Mutter nicht von einem Tag auf den anderen sitzen lässt? Dass deine Mutter einen Job bekommt, der angemessen bezahlt wird? Oder dass nicht ständig irgendwelche Leute mit geringerer Qualifikation vorgezogen werden, nur weil sie *weiß* sind? Ich glaube kaum!«

Kai schluckt. Hat er das gerade wirklich gesagt? Hat er. Zumindest, wenn er die Blicke der anderen richtig deutet. Wanda sieht ihn überrascht an, der Meister guckt irgendwie verständnisvoll und Desiree … ist das verdammtes Mitleid?

Das braucht er nicht. Aus keinem Grund.

Kai räuspert sich.

»Was ich eigentlich sagen wollte: Niemand kann für irgendwas garantieren. Das Leben ist eine einzige beschissene Überraschung.«

Lynn nickt und wirft ein: »Ersetze ›Überraschung‹ durch ›Wundertüte‹ und schon hast du ein neues Wandtattoo!«

Der Spruch tut, was er soll: Er nimmt Kai aus dem Fokus. Außerdem ist er auch noch witzig.

»Nice!«

Der Meister hebt die Hand. Es ist ein Angebot und Lynn versteht es auch genauso. Sie zögert nur kurz, dann schlägt sie ein. Die beiden lächeln sich an. Den anderen bleibt vor Staunen der Mund offen stehen. Es ist ein Moment, der mehr als überfällig ist und eigentlich gewürdigt gehört. Aber nicht, wenn die Uhr tickt.

Wanda schüttelt fassungslos den Kopf.

»Wenn das jetzt auch geklärt ist, können wir ja weitermachen«, sagt sie. »Und zwar mit *meinem* Plan! So, wie ich ihn ausgearbeitet habe.«

»Ich an deiner Stelle würde es positiv sehen«, meldet sich Desiree zu Wort. Es ist so ungewöhnlich, dass ausgerechnet Desiree-Schöne-Scheiße einmal etwas positiv sehen will, dass sie sofort Wandas volle Aufmerksamkeit hat. Und nicht nur ihre. »Spätestens wenn was schiefgeht, müssen wir sowieso improvisieren und eigene Entscheidungen treffen«, sagt Desiree. »Da kann es doch nur von Vorteil sein, wenn wir es jetzt schon üben!«

Das erhält allgemeine Zustimmung. Weshalb Wanda gar nichts anderes übrig bleibt, als sich zu fügen. So schwer es ihr auch fällt.

»Okay«, sagt sie. »Aber unter einer Bedingung: Wenn jemand auch nur einen Millimeter vom Plan abweicht, will ich eine Nachricht aufs Handy. Ich bin die Schaltzentrale! Wenn es alle betrifft, gebe ich es weiter in den Gruppenchat.«

»Einverstanden«, sagt Lynn.

Und damit kann es endlich weitergehen.

12

Kai zieht sich die leuchtenden Schweißbänder über und beginnt, seinen Nacken zu dehnen. Dann schüttelt er Arme und Beine aus. Wie von selbst fällt er in seine Wettkampfroutine. Denn letztlich ist es eine vergleichbare Situation. Er muss sich fordern, sein Bestes geben – und verdammt noch mal Erfolg haben!

»Ich bin bereit«, murmelt Kai, schnappt sich die Markierungskegel und springt über die Umrandung des Pavillons.

»Gut Holz!«, ruft der Meister ihm nach.

Lynn verdreht die Augen, aber sie wirkt nicht mehr ganz so genervt. »Er geht nicht kegeln, David.«

»Petri Heil!«, korrigiert sich der Meister.

»Er geht auch nicht angeln.«

»Schon klar.« Der Meister schiebt seine Kappe zurück. »Aber in diesem Punkt sind wir uns doch einig: Falls Kai gleich einen Tennisschläger in die Hand gedrückt bekommt, fischt er damit eher einen Koi aus dem Teich, als dass er einen Ball übers Netz schlägt.«

»Da gibt's keinen Teich«, sagt Wanda. »Mr B mag keine Fische.« Aber der Meister hat schon recht: Kai darf auf keinen Fall versuchen, Tennis zu spielen. Wenn er das tut, fliegt die ganze Nummer auf.

13

Das weiß Kai selbst natürlich am allerbesten. Schließlich gehört das zum Sportlerdasein dazu: dass man seine Stärken kennt – und seine Schwächen. Aus genau diesem Grund hat er auch keinen Schläger eingepackt, quasi als kleine Sicherheitsvorkehrung. Damit er gar nicht erst in die Verlegenheit kommt, sich als Tennisspieler beweisen zu müssen. Stattdessen wird er gleich eine HIIT-Einheit machen: High Intensity Intervall Training. So, wie Kai es von seiner Leichtathletik-Trainerin kennt. Allerdings ergänzt um ein paar tennisspezifische Übungen, die er aus dem Internet gezogen hat. Besonders stolz ist Kai auf den Spruch, den er sich überlegt hat, eine richtige Trainerweisheit, an der er sich die Stunde über festhalten wird: »Beinarbeit ist alles!« Zugegeben, der Spruch ähnelt dem, den seine Trainerin regelmäßig bringt (»Mindset ist alles!«) – aber er ist deshalb nicht weniger wahr.

Als Kai am imposanten Tor der noch imposanteren Villa steht, spürt er seine Nervosität. Doch das kennt er, das ist sogar gut – Aufregung macht ihn leistungsfähiger. Kai drückt auf den Klingelknopf, kurz darauf dringt ein freundliches »Ja, bitte?« aus der Freisprechanlage zu ihm.
Kai räuspert sich.
»Ich bin der Tennistrainer?«
Sogar er selbst hört das Fragezeichen am Satzende.

Scheiße, vielleicht hätte er sich vom Meister Nachhilfe geben lassen sollen.

Doch das Fragezeichen scheint die Stimme nicht weiter zu stören. »Ich mache auf!«

Keine Sekunde später ertönt der Summer und Kai kann das Tor aufdrücken. Da wird auch schon die Haustür geöffnet. Zwischen den beiden Säulen erscheint eine untersetzte Frau mit Wischmopp in der Hand – das muss die Haushälterin sein. Sie erinnert Kai an seine Oma, die ähnlich rund ist. Er muss sie unbedingt mal wieder anrufen, die paar Stunden Zeitverschiebung von Taiwan nach Deutschland sind eigentlich keine Ausrede …

Kai bemerkt, wie er mit seinen Gedanken abschweift. Er schüttelt den Kopf. Das darf nicht passieren, nicht jetzt.

Als die Frau Kai erblickt, zieht sie fragend die Augenbrauen nach oben. Kurz denkt er, dass sie auf einen Blick alles durchschaut hat. Aber das ist natürlich Blödsinn: Sie hat mit jemand anderem gerechnet, mehr nicht.

»Ich, äh, bin der Ersatztrainer?«

Da ist es wieder, das Scheißfragezeichen.

»Ihr werdet auch immer jünger«, sagt die Haushälterin und winkt ihn herein. Wahrscheinlich bildet er es sich nur ein, aber Kai hat den Eindruck, dass er getestet wird. Mindset ist alles, hört er die Stimme seiner Trainerin. Mindset, Mindset, Mindset.

»Hab früh zu spielen angefangen«, sagt er und zuckt so lässig wie möglich mit den Schultern.

»Hat Andy es wieder mit dem Knie?«

»Hm, mit dem Knie, ja genau.« Kai nickt betroffen.

Und dann kriegt er vor Staunen den Mund nicht mehr zu. Weil er gerade über die Schwelle getreten ist und jetzt in einem Foyer steht, das in ein 10-Sterne-Hotel gehört. Die hohe Decke, der Marmor, die abartig breite Treppe, auf der man wahrscheinlich nur schreiten kann.

»Bitte, hier entlang.« Die Haushälterin führt Kai einmal quer durch das blitzblanke Foyer, an einem Flügel vorbei und durch den Wintergarten, wo zwischen gefühlt hundert Palmen ein Springbrunnen vor sich hinplätschert. Wie Wanda angekündigt hat, steht die Tür des Wintergartens weit offen. Im Garten, nein, im *Park* wuseln drei Gärtner herum.

»Dort am Ende des Gartens, siehst du?« Die Haushälterin zeigt nach draußen. »Da ist der Tennisplatz. Ich kann dich leider nicht begleiten. Ich muss mich noch um eine Überschwemmung in der Garage kümmern, manchmal kommt wirklich alles zusammen.«

Kai nickt wissend. Als würde er selbst in einem verdammten Palast wohnen. So tun als ob, das kann er gut, das hat er in den letzten Jahren perfektioniert.

»Herr Bruckmann spielt sich schon warm«, spricht die Haushälterin unbekümmert weiter. »Ich hoffe, er ist wieder besser gelaunt. Die Sache mit dem Wasser hat ihm gehörig die Laune verdorben. Na, ich drücke dir die Daumen!«

Kai kneift die Augen zusammen. In der Ferne kann er einen kernigen Typen ausmachen, der breitbeinig auf dem Platz steht. Ihm gegenüber, auf der anderen Seite des Netzes, thront eine mächtige Ballmaschine. Gnadenlos spuckt die Maschine einen weißen Ball nach dem anderen aus, aber der Typ verhaut keinen einzigen. Kai holt tief Luft, dann setzt er sich in Bewegung. Während er über das unfassbar grüne Gras läuft, zieht er sein Handy aus der Tasche und schreibt an Wanda: *Bin gleich auf dem Platz*. Er hat die Nachricht gerade abgeschickt, da wird das Display schwarz. Das darf doch nicht wahr sein! Ausgerechnet jetzt! Kai hat den Akku bis zur letzten Sekunde aufgeladen, aber das ist bei seinem Uralthandy leider nicht weiter von Bedeutung. Verzweifelt drückt er auf dem Ding herum, aber natürlich bringt das nichts. Kai versucht sich einzureden, dass es letztlich keine Rolle spielt. Denn er weiß ja, was er zu tun hat. Er muss Mr B auf das andere Feld kriegen, damit er mit dem Rücken zur Villa steht. Und dann hält er ihn eine Stunde mit Beinarbeit beschäftigt. Den Rest erledigen die anderen.

14

Wanda, die Kais Nachricht gelesen hat, nickt zufrieden.

»Wir können los«, verkündet sie. Der Meister greift nach dem Korb mit den Muffins und Schulze steckt sich den Tennisball in die Innenseite seiner Jackentasche.

»Verlier den bloß nicht«, brummt Desiree, bevor sie leise ein etwas freundlicheres »Viel Glück« hinterherschiebt. Während Desiree mit Lynn im Pavillon zurückbleibt, machen Wanda, Schulze und der Meister sich ohne ein weiteres Wort auf den Weg in Richtung Villa. Die Stimmung ist angespannt, denn alle wissen: Jetzt wird es ernst.

Kurz bevor sie den Park verlassen, legt Wanda ihre hohlen Hände übereinander, sodass zwischen den Daumen eine schmale Öffnung bleibt.

»Das ist dein Signal«, sagt sie zum Meister. Als sie ihre Hände an ihre Lippen führt und pustet, ist der Ruf einer Eule zu hören.

»Kannst du auch Walgesänge?«, fragt der Meister. »Und andere Frage: Warum schickst du mir nicht einfach eine Nachricht übers Handy?«

»Eule geht schneller«, murmelt Wanda.

»Als Wal?«

»Nein.« Sie schüttelt genervt den Kopf. Jetzt ist nicht die Zeit für Scherze. »Als Handy. Zurück zur Sache: Wenn du die Eule hörst, hat die Haushälterin gerade das Arbeitszimmer aufgeschlossen.«

»Comprendre.« Der Meister nickt. »Dann drücke ich auf die Klingel und locke sie vom Arbeitszimmer weg und zur Haustür. Damit Schulze sich über den Wintergarten reinschleichen kann.«

Wanda blickt zu Schulze. Der versteht durchaus, dass das eine Aufforderung ist. Jetzt soll er runterleiern, was er zu tun hat. Die Vitrine öffnen, den Ball austauschen, die Vitrine schließen. Aber Schulze hat keine Lust, so simples Zeug wiederzugeben. Außerdem ist er mit seinen Gedanken sowieso schon viel weiter in der Zukunft. Bei einem Moment, der ihm wichtiger erscheint. Also hält er die Klappe und Wanda belässt es dabei.

15

»Oh, là, là.« Als sie die Villa erreichen, pfeift der Meister beeindruckt durch die Zähne. »Ich hatte vergessen, wie groß das Ding ist. Wie viele Leute wohnen da noch mal?«

»Keine Ahnung«, sagt Wanda und kickt einen Stein aus dem Weg.

Schulze sieht Wanda von der Seite an, sagt aber nichts. Und dann ruft auch schon der Meister nach ihm, der hinter dem Transporter der Gärtner auf der anderen Straßenseite Position bezogen hat. Während Schulze sich zu ihm gesellt, klettert Wanda durch das Loch im Zaun. Wanda eilt weiter zur Einfahrt. Hier steigt sie, ohne mit der Wimper zu zucken, auf die Kühlerhaube des Wagens und von da auf sein Dach, um den französischen Balkon zu erreichen. Zack, schon zieht Wanda sich daran hoch, klettert weiter zum zweiten Stock und findet schließlich außen am Geländer, gut verborgen hinter Blumenkästen des schmalen Balkons, eine Position, in der sie es eine Weile aushalten kann. Eben genau so lange, bis die Tür zum Arbeitszimmer aufgeht. Was jeden Moment der Fall sein müsste.

16

Kai ist ganz schön ins Schwitzen geraten. Wie erwartet, ist Mr B nicht begeistert von dem unangekündigten Trainerwechsel. Kurz scheint es sogar, als wolle er die Stunde komplett abblasen. (Weil es eine Frechheit ist, dass man ihm nicht vorab Bescheid gibt! Eine maßlose Frechheit!)

Das wiederum wäre eine ausgewachsene Katastrophe. Also geht Kai auf volles Risiko. Er beginnt, die orangefarbenen Kegel zu verteilen. Als wäre das hier sein Platz. Als wüsste er genau, was er tut. In seinem Inneren zittert er, aber äußerlich bleibt er ganz ruhig. Er hält sich an dem Gedanken fest, dass er in seinem Leben schon jede Menge Leute erfolgreich geblendet hat. Genau genommen die gesamte Schule. Weil Kai es definitiv vorzieht, für arrogant und verwöhnt gehalten zu werden – als für arm und bemitleidenswert. Die richtigen Klamotten sind entscheidend.

Und die richtigen Klamotten trägt er auch jetzt. Bestimmt sieht er besser aus als Andy. Also ist er auch besser als Andy. Eigentlich eine simple Rechnung. Kai holt tief Luft und sieht auf.

»Nichts gegen Andy«, sagt er. »Der ist ein guter Spieler, keine Frage. Aber er hat ständig Probleme mit seinem Knie. Und warum?« An dieser Stelle ist das Fragezeichen voll beabsichtigt. Genauso wie die dramatische Pause. »Weil Andy nicht auf Beinarbeit setzt. Deshalb.«

Noch eine wohlgesetzte Pause und dann: »Beinarbeit ist alles.«

Mr B bleibt regungslos. Eine ganze Weile schaut er einfach nur zu, wie Kai seine Kegel aufstellt, als stecke dahinter ein System. Gut möglich, dass Mr B von so viel Selbstbewusstsein beeindruckt ist.

»Ich habe einen Vorschlag«, sagt Kai, als er alle Kegel verteilt hat. »Ich zeige Ihnen jetzt mal, was ich unter Beinarbeit verstehe. Wenn es Sie nicht überzeugt, packe ich meinen Kram und es kostet Sie keinen Cent. Aber falls Sie es mal ausprobieren wollen, bleibe ich ... auch umsonst.«

Mr B lacht kurz auf. Es ist kein schönes Lachen.

»Siehst du dieses Haus hinter mir?«, fragt er.

Kai nickt schnell. Erstens darf der Typ sich jetzt auf keinen Fall mehr umdrehen. Denn wenn Kai nicht alles täuscht, klebt dahinten schon Wanda an der Fassade. Zweitens hat er das Haus natürlich gesehen. Es ist so scheißgroß, dass man es wahrscheinlich noch vom Mond aus erkennen kann.

»Das hab ich gekauft«, sagt Mr B. »Es war teuer. Schweineteuer. Und ich hab es auf meinem Konto nicht mal gemerkt. Meinst du, da interessiert es mich, ob ich für eine Tennisstunde mehr oder weniger bleche?«

Kai runzelt die Stirn. »Mein Opa sagt: Wer den Pfennig nicht ehrt, ist des Talers nicht wert.«

»Dein Opa?«

Kai nickt.

»Sag mal, wie alt bist du eigentlich?«

»Alt genug, um zu wissen, dass Beinarbeit alles ist.«

Kaum hat er ausgesprochen, geht in Mr Bs Gesicht eine merkwürdige Veränderung vor: Seine Mundwinkel schieben sich nach oben. Kai kann es kaum glauben, aber es gibt keinen Zweifel. Mr B lächelt. Er hat ihn überzeugt.

17

Da! Die Tür des Arbeitszimmers geht auf. Wanda spürt, wie ihr Atem kurz stockt. Schnell zieht sie den Kopf ein. Unter keinen Umständen darf die Haushälterin sie hier entdecken. Unter. Keinen. Umständen. Was zum Glück auch nicht passiert. Doch als Wanda nun die Hände vom Geländer nimmt, um den Eulenruf auszustoßen, der nur ein leises Krächzen wird, geschieht etwas, das genauso wenig vorgesehen war: Wanda, die ihre Füße bis jetzt zwischen die Streben des Geländers geklemmt hatte, verliert das Gleichgewicht. Sie droht, nach hinten in die Tiefe zu fallen. Im letzten Moment gelingt es Wanda, sich mit einer Hand festzuhalten und wieder zu stabilisieren. Ihr Herz schlägt bis zum Hals. Viel zu hastig, viel zu unkontrolliert macht sie sich nun an den Abstieg – und tritt prompt ins Leere. Wieder versucht Wanda, sich mit einem beherzten Griff zu retten, doch ihre Hände sind zu feucht. Wanda rutscht ab, fällt aus der Höhe des ersten Stocks – und landet seitlich auf dem Autodach. Als sie über die Windschutzscheibe rollt, durchdringt ein stechender Schmerz ihren Brustkorb und Wanda weiß sofort: Sie hat sich eine Rippe gebrochen. Und dann passiert etwas noch viel Schlimmeres: Die Alarmanlage setzt ein.

18

Kai erstarrt. Als er den gellenden Alarm hört, der zweifellos vom Auto in der Einfahrt kommt, weiß er nicht, was er machen soll. Wirklich, er hat keine Ahnung, wie er Mr B unter diesen Umständen weiter auf dem Platz halten soll. Doch dann stellt sich heraus, dass das Problem gar keines ist. Mr B sieht nur kurz auf, flucht über viel zu viel Technik, die viel zu störanfällig ist, und dass sich verdammt noch mal jemand anderes darum kümmern soll, dann rennt er weiter zum nächsten Kegel. Kais Beinarbeit hat es ihm angetan.

19

»Das ist jetzt aber nicht mein Signal«, murmelt der Meister zur gleichen Zeit. »Oder klingt das in deinen Ohren nach einer Eule?«

Schulze, der neben dem Meister hinter dem Transporter wartet, zuckt nur mit den Schultern.

»Egal, wir machen weiter wie geplant«, beschließt der Meister nach einigen Sekunden des Nachdenkens und fasst noch einmal zusammen, was sie nun zu tun haben: Er wird die Haushälterin nach draußen locken, während Schulze sich durch das Loch im Zaun zwängt, durch den Wintergarten die Villa betritt, ins Arbeitszimmer im 2. OG schleicht und dort den Ball ergattert. Den verdammten 30.000-Euro-Ball.

»Sobald du wieder draußen bist, schickst du mir eine Nachricht, okay?«

»Aber Wanda hat doch gesagt, dass wir ihr schreiben sollen«, widerspricht Schulze.

»Wenn du mich fragst, hat Wanda gerade ganz andere Probleme«, murmelt der Meister. Er hat noch nicht ausgesprochen, als Wanda die Fahrbahn überquert und genau das beweist. Ihr Gesicht ist verzogen vor Schmerzen, sie humpelt und hält sich mit beiden Händen die Seite. Der Meister schluckt.

»Alles okay, Wanda-Amanda?«, fragt er besorgt.

Wanda nickt und macht eine Geste, die sagt: Lass dich nicht aufhalten. Seufzend setzt sich der Meister in

Bewegung. Es fällt ihm schwer, aber so haben sie es ausgemacht: Sie ziehen das Ding durch. Egal, was passiert.

20

Der Meister hat gerade seinen Zeigefinger ausgestreckt, um vorne am Tor zu klingeln, da wird die Tür aufgezogen. Auf der Schwelle erscheint die Haushälterin, in der Hand den Autoschlüssel. Sie eilt die Treppe hinunter zur mit Pfützen übersäten Einfahrt und schaltet die Autoalarmanlage aus. Als sie gerade ins Haus zurückkehren will, legt der Meister los.

Er beginnt mit einem einfachen »Hallo«. Dazu winkt er ein bisschen. Damit kein falscher Eindruck entsteht: Der Meister ist fest entschlossen, alles in seiner Macht Stehende zu tun, damit diese Frau hier draußen bleibt. Er würde auch seine Karten auspacken oder ein paar Wheelies hinlegen. Alles kein Problem. Doch er weiß aus Erfahrung, dass das Naheliegende oft das Beste ist. Aus diesem Grund ruft er noch einmal: »Hallo!«

Endlich hat sie ihn entdeckt. Die Haushälterin zieht die Augenbrauen nach oben. Interessiert? Oder skeptisch? Wahrscheinlich Letzteres.

»Wir kaufen nichts.«

Definitiv Letzteres.

Das spornt den Meister umso mehr an, sie für sich einzunehmen. Er rückt seine Kappe zurecht, dann wirft er den Laber-Automaten an. Einstellung: fröhlicher, wohlerzogener Junge, den man einfach gernhaben muss.

»Meine Eltern haben mich geschickt. Ich soll Ihnen, wenn's recht ist, ein paar selbst gebackene Leckereien vorbeibringen. Um uns vorzustellen, sozusagen, wir sind nämlich gerade erst hergezogen.« Hier hält der Meister kurz inne für eine erste, wohlgesetzte Pause.

»Oh, neue Nachbarn?«, fragt die Haushälterin prompt nach und geht neugierig ein paar Schritte in Richtung Tor.

»Ja, sozusagen. Wir wohnen dahinten.« Er macht eine äußerst vage Handbewegung. Doch der Haushälterin genügt es.

»Ich kann mich nicht erinnern, dass schon mal jemand so freundlich war, sich hier vorzustellen«, überlegt sie.

»Wirklich?« Der Meister gibt sich überrascht. »Wo wir herkommen, gehört sich das so.«

»Oh, und wo wäre das?«

»England.«

England? Wie zur Hölle ist er jetzt ausgerechnet auf England gekommen? Ein verdammtes Dorf ein paar Kilometer weiter hätte es doch auch getan.

»Oh, England!«, ruft die Haushälterin entzückt. »Da war ich Au-pair. In London.«

Der Meister lächelt gezwungen. »Genau da kommen wir her!«

21

Man kann es nicht anders sagen: Der Laber-Automat ist außer Kontrolle geraten. Der Meister würde sich am liebsten in den Arsch beißen. Er muss aufpassen. Er muss jetzt richtig gut aufpassen. Erstens, weil er – anders als seine Gesprächspartnerin – nicht den geringsten Plan von London hat. Zweitens, weil er dazu tendiert, seine Hintergrundgeschichten viel zu viel auszuschmücken. Das ist ein altbekanntes Problem.

»Die Leckereien sind nicht zufälligerweise glutenfrei, oder?«

Strahlend hebt der Meister den Korb in die Luft.

»Aber sicher doch. Ich habe normale Muffins, vegane und sogar welche ohne Gluten.«

Bevor der Meister auch nur nicken kann, klatscht die Frau entschlossen in die Hände.

»Weißt du was?«

Der Meister schüttelt den Kopf. Aber er ahnt nichts Gutes.

»Wir machen jetzt eine kleine Tea Time.«

»Wie bitte?«

Die Frau lächelt.

»Ich koche uns einen schönen Tee und dann machen wir es uns in der Küche gemütlich und plaudern über unsere Zeit in London.«

»Bitte«, sagt er. »Ich will Ihnen keine Umstände machen.«

»Ach was!« Die Frau wischt seine Bemerkung mit einer Handbewegung weg. »Das sind keine Umstände. Das ist ein Vergnügen. Und meine Pause ist sowieso überfällig.«

»Aber … ich kann nicht.«

Der Meister will damit andeuten, dass er keine Zeit hat. Weil er verabredet ist. Weil seine Eltern auf ihn warten. Weil er mal eben zum Nordpol oder ganz dringend pieseln muss. Ganz egal. Wichtig ist nur, dass sie beide schön hier draußen bleiben. Damit Schulze in Ruhe eine kleine, feine Straftat begehen kann. Doch die Haushälterin versteht es anders. Sie wirft einen Blick auf den Rollstuhl und nickt wissend.

»Ach ja«, murmelt sie. »Die Stufen.«

Die Frau denkt kurz nach und dann lächelt sie wieder.

»Wir haben an der Seite einen Lieferanteneingang, der ist ebenerdig!«

Auch das noch. Es ist wohl das erste Mal, dass der Meister sich über Barrierefreiheit nicht freut. Ganz im Gegenteil.

»Aber ich –«, beginnt er.

»Kein Aber«, unterbricht ihn die Haushälterin. »Jetzt ist Tea Time!«

22

Schulze hat sich durch das Loch im Zaun gezwängt. Nach einem kurzen Moment der Orientierung macht er sich auf den Weg hinter das gigantische Gebäude, wo sich gemäß Wandas Skizze der Wintergarten befindet. Es ist ein Leichtes für Schulze, auf diesen ersten Metern dem Blick der Gärtner zu entgehen. Das mag zum Teil an seiner Unscheinbarkeit liegen, vor allem aber hat es mit den frisierten Buchsbäumen zu tun: Sie geben eine wunderbare Deckung ab. Schulze schleicht von Pflanze zu Pflanze, bis er endlich die Terrasse erreicht, die an den Wintergarten anschließt. In der Ferne sieht er das Rechteck des Tennisplatzes, auf dem zwei weiß gekleidete Gestalten hin- und herrennen. Der Schmalere von beiden muss Kai sein. Es beruhigt Schulze, nicht der einzige Eindringling auf dem Gelände zu sein. Am liebsten würde er den Arm heben, um seinem Freund zu winken. Augenblick … Freund?! Schulze schüttelt den Kopf. Das geht jetzt doch zu weit.

Schulze konzentriert sich wieder auf das, was er zu tun hat. Denn jetzt kommt der knifflige Teil. Die schlanken Designermöbel auf der Terrasse bieten kaum Deckung. Das heißt, die letzten Meter zur Wintergartentür muss er mehr oder weniger ungeschützt zurücklegen. Er versucht, sich auf das Gute zu fokussieren: Die Tür zum Wintergarten steht weit offen. Genau wie Wanda versprochen hat. Er muss sie nur erreichen, das ist alles.

Schulze wartet ein paar Sekunden, aber natürlich wird die Ausgangslage nicht besser: Es schießen nicht plötzlich weitere Buchsbäume zwischen den Terrassenplatten hervor. Leider.

Es hilft alles nichts. Schulze muss da durch. Also holt er tief Luft und rast dann wie von der Tarantel gestochen ganz plötzlich los, über die Terrasse und rein in den Wintergarten. Geschafft.

Eigentlich hätte Schulze eine Verschnaufpause verdient. Doch er weiß, dass die Zeit läuft. Deshalb gönnt er sich keine Sekunde und durchquert mit hastigen Schritten die Lobby. Leider zu hastig – auf dem Weg zur Treppe stößt er gegen einen kleinen Tisch, auf dem eine mit Lilien bestückte Vase steht. Beziehungsweise stand. Denn nun ist die Vase im Begriff, auf dem Steinboden zu zerschellen. Schulze reagiert blitzschnell. Er schmeißt sich selbst auf den Boden und fängt die Vase auf. Das war knapp.

23

Nachdem die Haushälterin das Gartentor geöffnet hat, betritt der Meister das Anwesen. Welch eine Ironie des Schicksals, dass das gerade nur passiert, weil seine Show zu gut war, denkt er. Weil er zu sympathisch rübergekommen ist. Eben wie jemand, mit dem man unbedingt eine Tasse schwarzen Tee schlürfen muss. Der Meister wirft einen Blick auf sein Handy.

Vielleicht, versucht er sich einzureden, vielleicht ist alles nur halb so schlimm. Er ruft sich den Grundriss der Villa, den Wanda ihnen bei einem ihrer Treffen gezeigt hat, ins Gedächtnis. Ja, wenn die Haushälterin und er den Lieferanteneingang nehmen und sich nur in der Küche aufhalten, kann Schulze trotzdem unbemerkt in der Villa umherschleichen. Doch auch durch diese Rechnung macht ihm die Haushälterin einen fetten Strich.

»Geh einfach hier links um die Ecke«, sagt sie. »Ich öffne dir die Tür dann von innen.«

Der Meister glaubt, nicht richtig zu hören: Sie will durch das Haus gehen? Da kann sie jederzeit auf Schulze treffen!

»Ähm, aber warum?«, fragt der Meister mit Panik in der Stimme.

»Warum was?«

»Warum gehen Sie nicht mit mir außen rum?«

Die Haushälterin sieht ihn verständnislos an.

»Weil ich noch was erledigen muss. Deshalb.«

»Oh. Ich mach Ihnen doch Umstände«, sagt der Meister betrübt. Die Bemerkung ist grandios. Denn nun kommt sie eigentlich nicht mehr herum, ihm zu verraten, was sie noch erledigen will.

»Umstände, ach was«, sagt die Haushälterin schnell. »Ich will vor unserer kleinen Teezeit nur schnell das Arbeitszimmer abschließen. Es sind mir heute zu viele Leute hier.«

Damit lässt sie den Meister stehen, dem gleichzeitig heiß und kalt wird. Das Arbeitszimmer abschließen? Er muss Schulze warnen. Sofort. Er zückt sein Handy und beginnt hektisch zu tippen. Vielleicht zu hektisch.

24

Schulze betritt das Arbeitszimmer im zweiten Stock. Nachdem er die Tür schnell wieder geschlossen hat, blickt er sich um. Es ist ein imposanter Raum mit schweren Vorhängen und deckenhohen Regalen, die dazu führen, dass Schulze sich verdammt mickrig vorkommt. Am beeindruckendsten ist aber der Schreibtisch mit der gigantischen Marmorplatte. Darauf, in einer gläsernen Vitrine: der Ball. Er scheint von innen heraus zu leuchten. Schulze stockt für einen Moment der Atem. Denn eines ist klar: Dagegen kommen die anderen Zeichen der Macht (ein Briefbeschwerer in Hundeform, ein Siegelstempel und ein gravierter Füllfederhalter) nicht an. Schulze will gerade nach dem Glasdeckel greifen, als sich sein Handy meldet.

25

AM ARM

Ratlos blickt Schulze auf das Display. Er blinzelt ein paarmal, aber die Nachricht bleibt dieselbe.

Was zur Hölle will der Meister ihm damit sagen? Schulze presst die Zähne aufeinander. Er ist schon die ganze Zeit genervt von dem Typen. Ständig muss er erwähnen, dass er und Lynn mal ein Pärchen waren. Dass sie ach so romantische Stunden miteinander verbracht haben. *AM ARM?* Am Arsch! Wahrscheinlich will der Meister ihn damit nur aus dem Konzept bringen. Das wird es sein. Kopfschüttelnd packt Schulze sein Handy weg. Doch kaum unternimmt er einen zweiten Anlauf, den Deckel von der Vitrine zu nehmen, wird er erneut gestört. Von einem leisen, aber schrecklichen Geräusch, das ihm bis ins Mark geht. Es ist das Klacken eines Schlüssels, der im Schloss gedreht wird.

26

Mit geweiteten Augen steht Schulze da und starrt zur Tür. Im ersten Moment denkt er: Es ist vorbei! Wenn erst mal die Tür auffliegt, dauert es nicht mehr lange, bis er in Handschellen vom Gelände geführt wird. Doch nichts davon geschieht. Die Tür bleibt zu. Und dann hört Schulze noch etwas anderes, ganz Wunderbares: nämlich Schritte, die immer leiser werden und sich entfernen.

Völlig fertig mit den Nerven sinkt Schulze auf den Schreibtischstuhl. Mit geschlossenen Augen versucht er, Atem und Puls unter Kontrolle zu kriegen. Und dann, mit leicht zitternden Händen, unternimmt er den dritten Anlauf und öffnet die Vitrine.

Schulze hat erwartet, dass er sich erhaben fühlt, wenn er den Ball in den Händen hält. Tatsächlich ist es ernüchternd unspektakulär. Der Zauber verfliegt in dem Augenblick, in dem er das Ding in der Hand hat. Letztlich ist es einfach eine Filzkugel, nicht anders als die in seiner Jackentasche. Schnell hat Schulze die beiden ausgetauscht. Dabei achtet er peinlich genau darauf, den Desiree-Ball genauso auszurichten wie den Hans-Åke-Ball; mit der Signatur nach oben. Und schon sitzt auch der Deckel wieder auf der Vitrine. Jetzt muss Schulze sich nur noch überlegen, wie er hier wieder rauskommt. Und zwar schleunigst.

27

Einen Moment lang zieht Schulze ernsthaft in Erwägung, aus dem Fenster zu springen. Vom zweiten Stock ist das allerdings keine gute Idee. Besser wäre, er würde sich vorsichtig herabhangeln. Doch das stellt sich bei näherer Betrachtung als unmöglich heraus. Denn das Fenster ist verriegelt. Es lässt sich zwar kippen, aber mehr ist nicht drin. Auch die Fenster im angrenzenden Badezimmer lassen sich nur mit Schlüssel öffnen. Wenn Schulze den hätte, sähe natürlich alles anders aus. Hektisch beginnt er, den Schreibtisch zu durchwühlen. Er stößt auf Gutachten, Rechnungen und jede Menge Fotos. Schulze schenkt dem ganzen Zeug keine große Beachtung, bis ihn eines der Bilder kurz stutzen lässt. Allerdings kann er sich jetzt nicht weiter damit beschäftigen. Außerdem bestätigt es nur, was er sich eh schon gedacht hat. Kurzerhand schiebt er das Foto in seine Jackentasche, dann kramt er weiter nach dem Schlüssel. Doch der bleibt unauffindbar.

Schulze muss Wanda informieren. Wenn Wanda weiß, dass er hier oben eingesperrt ist, wird sie ihm schon sagen, was zu tun ist. Sie kennt sich ja aus. Schulze zückt sein Handy, um ihr zu schreiben, da sieht er, dass der Meister ihm noch eine Nachricht geschickt hat.

Sorry, nicht AM ARM. Meinte ALARM. Scheißauto-korrektur.

Mit Smiley! Schulze könnte kotzen. Wegen des gelben Grinsegesichts und der Unfähigkeit des Meisters, sein eigenes Handy zu bedienen. Vor allem aber ist zum Kotzen, dass er sich überhaupt auf diese Sache eingelassen hat. Warum eigentlich? Schulze seufzt. Er weiß nur zu gut, warum er hier mitmacht. Seine Gedanken fliegen zu Lynn, die ihren Job schon erledigt hat. (Und zwar erfolgreich …) Und er selbst, Schulze? Er fällt nun zwar endlich einmal auf – aber negativ. Fehlt eigentlich nur noch, dass er Nasenbluten kriegt.

Kaum hat Schulze seinen Hilferuf abgeschickt, kommt auch schon Wandas Antwort.

Wirf den Ball aus dem Fenster!

Schulze starrt auf das Display. Er soll den Ball rauswerfen? Äh, theoretisch ist das natürlich kein Problem. Dafür ist die Öffnung groß genug. Aber: Was wird dann aus ihm? Sie wollen ihn doch nicht etwa hier hocken lassen? Das wäre nicht nur fies, sondern auch … zu kurz gedacht. Er könnte sie alle verpfeifen. Gerade gegen Wanda hat er reichlich in der Hand.

28

Unterdessen wird in der Küche die erste Tasse Earl Grey ausgeschenkt. Der Meister fragt sich, ob hier jemals etwas gekocht wurde, alles ist blitzblank, geradezu steril. Doch ihm gefällt das Hündchen, das neben dem Tisch in seinem Körbchen liegt; äußerst sympathisch. Und Gabi – die Haushälterin – ist eine durch und durch großartige Gesprächspartnerin!

Natürlich ist dem Meister bewusst, dass eine gepflegte Tea Time nicht Teil des Plans war. Ebenso wenig hatten sie vorgesehen, dass Schulze im Arbeitszimmer eingeschlossen wird. Aber der Meister hat beschlossen, sich an die erste Regel der Improvisation zu halten: Ja sagen! Eigentlich ist es ganz simpel: Man braucht die Fäden seines Gegenübers nur aufzunehmen und weiterzuspinnen. Und so sitzt er, nachdem er eine Nachricht (entgegen Wandas Anordnung) direkt an den Gruppenchat geschickt hat, um die anderen über die unvermeidliche Planänderung zu informieren, nun also als »Timothy« mit Gabi am Tisch. Er trinkt Tee, futtert Muffins und tauscht lustige Anekdoten über das Leben in London aus. Schon hat der Meister eine ganze Nachbarschaft erfunden, zu der auch ein gewisser James gehört, der schlafwandelnd die Songs der Beatles rezitiert. Gabi ist von der Unterhaltung so angetan, dass sie den Hund mit Leckerlis vertröstet, als er Gassi gehen will. Und als sich das arme Tier schließlich auf ihre Füße setzt und zu winseln beginnt, lässt sie ihn kurzerhand durch den Lieferanteneingang in den Garten. Der Meister nimmt es zur Kenntnis, wie er alles zur Kenntnis nimmt. Aber was soll er tun?

»Please, erzähl mir mehr von James«, ruft Gabi und nimmt sich noch einen glutenfreien Muffin.

29

Es ist kein Spaß, mit einer lädierten Rippe durch ein kleines Loch im Zaun zu klettern. Es ist absolut kein Spaß. Mit zusammengebissenen Zähnen schafft Wanda es auf die andere Seite. Sie eilt an der Hauswand entlang, bis sie zum zweiten Mal an diesem Tag in der Einfahrt steht. Wanda schirmt mit der Hand die Sonne ab, schaut hoch zum Arbeitszimmer und wartet auf den Ball. Doch der kommt nicht.

Was zur Hölle treibt Schulze da oben?

Was ist los???, tippt sie in ihr Handy. *Ich bin hier. Ich warte.*

Da, endlich, tritt Schulze ans Fenster. Mit beiden Händen winkt Wanda ihm zu und bedeutet ihm, den verdammten Ball zu ihr zu werfen. Und zwar dalli. Doch Schulze regt sich nicht. Er steht einfach da, wie eine verdammte Wachsfigur, und starrt Wanda an. Im ersten Moment weiß sie nicht, was los ist. Im zweiten Moment genauso wenig. Dann, als Schulze wiederholt auf sein Handy schielt, dämmert es ihr. Sie hat etwas als selbstverständlich vorausgesetzt, das für ihr Gegenüber offenbar nicht selbstverständlich war. Eilig zückt Wanda ihr Telefon. *Wir holen dich da raus,* schreibt sie. *Was auch passiert, wir holen dich da raus. Ehrenwort.*

Auch wenn Wanda keinen Schimmer hat, wie. Man kann es nicht anders sagen: Sie hinken ihrem Zeitplan dramatisch hinterher. Die Gärtner packen schon ihr Zeug und sobald sie weg sind, bietet der Wintergarten keinen Weg mehr nach draußen.

Schulze sieht von seinem Handy auf und – lächelt. Weil er Wanda glaubt. Sie hat ihnen zwar allerhand verschwiegen, aber gelogen hat sie die ganze Zeit nicht ein Mal, oder?! Mit dem Ball in der Faust steigt Schulze auf den Schreibtischstuhl. Er schiebt seine Hand durch den Spalt zwischen Fenster und Rahmen, atmet durch – und öffnet die Faust.

30

Es ist, als würde der Ball in Zeitlupe fallen. Wanda macht einen Schritt zur Seite, um ihn direkt aus der Luft zu greifen, wie man einen Apfel vom Baum pflücken würde. Zentimeter um Zentimeter kommt ihr der Ball näher. In den Fingerspitzen kann Wanda schon den Lufthauch spüren.

Dann ist da auf einmal die Bulldoge. Wanda reißt die Augen auf; das darf nicht sein! Doch was sein darf oder nicht, interessiert den Hund kein bisschen. Wanda springt, der Hund springt – und ist schneller.

Mit dem Ball im Maul blickt er Wanda an. Er knurrt ein bisschen, wedelt mit dem Schwanz; eine klare Spielaufforderung.

»Gib her, meine Kleine«, säuselt Wanda, deren Schmerzen vor lauter Anspannung wie weggeblasen sind. »Na, komm.« Sie macht einen Schritt auf ihn zu, da rast der Hund auch schon dorthin, wo er immer hinrennt, wenn er einen Ball ergattert hat. Wie sein Herrchen es ihm beigebracht hat.

31

Das ist der Moment – der einzige Moment – in dem Wanda darüber nachdenkt, alles abzubrechen. Doch es dauert nur ein, zwei Sekunden; dann hat sie sich schon wieder gefangen. Sie muss analytisch an die Sache herangehen.

Aktuell gibt es zwei Komplikationen.

Erstens, der Ball befindet sich hinter dem Haus.

Zweitens, Schulze befindet sich im Haus.

Wanda scheint es das Beste, Kai zu informieren. Er muss unbedingt wissen, wie der Stand ist. Sie versucht, ihn anzurufen, kommt aber nicht durch; irgendetwas stimmt mit seinem Handy nicht. Scheiße! Wanda versucht es bei Lynn und Desiree. Da die beiden davon ausgegangen sind, dass ihre Jobs erledigt sind, haben sie es sich im Pavillon gemütlich gemacht. Aktuell ist Desiree damit beschäftigt, Lynns Arm mit einer Edding-Kalligrafie zu verzieren.

Doch als Wandas Anruf sie erreicht, brechen sie sofort auf.

32

Kai hat alles gegeben. Bestimmt 20 Minuten lang, die ihm vorkommen wie eine halbe Ewigkeit, hat er sich immer neue Übungen zur Stärkung der Beinmuskeln ausgedacht. Irgendwann reicht es Mr B. Er will endlich ein paar Bälle schlagen!

»Aber sicher, klar, kein Problem«, murmelt Kai. Kurz überlegt er, ob er die Ballmaschine anschalten soll. Er könnte behaupten, dass er die Bewegungsabläufe seines Schülers so besser korrigieren kann. Doch dann hat er eine bessere Idee: Aufschläge! Sie werden Aufschläge üben.

»Die Griffhaltung ist das Wichtigste«, beginnt Kai herunterzuleiern, was er auswendig gelernt hat. »Ich empfehle den Continentalgriff. Bei dem –«

»Junge, ich bin kein Anfänger!«, unterbricht ihn Mr B. Er nimmt einen Ball, wirft ihn in die Luft und donnert ihn über das Netz. Roter Staub wirbelt auf.

Wie sich herausstellt, ist Kai nicht weiter gefordert. Er muss bloß dastehen und lobende Worte von sich geben (»Satt getroffen!«, »Schöner Wurf!«, »Sauberer Serve!«). Als der Balleimer, aus dem Mr B sich wortlos bedient, immer leerer wird, geht Kai damit auf Sammeltour. Dabei bekommt er unverhofft Unterstützung. Auf vier Beinen.

Im ersten Moment denkt Kai, die Steinskulptur aus dem Vorgarten wurde zum Leben erweckt. Genauso sieht das Tier, das mit wehenden Lefzen auf ihn zurennt, nämlich aus. Aber es ist ein echter Hund. Ein echter Hund, der etwas in seinem Maul trägt. Einen Ball?

Kai stellt den frisch gefüllten Eimer ab, um den Hund daran zu hindern, auf den Platz zu rennen. Schließlich hat er als Trainer dafür zu sorgen, dass die Tennisstunde ungestört über die Bühne geht. Mit ausgestreckten Armen läuft Kai auf den Hund zu, doch der witscht zwischen seinen Beinen hindurch, flitzt zum Eimer und spuckt den Ball hinein.

»Brav gemacht, das hast du brav gemacht«, lobt Mr B das Tier. Während er zuerst seine Flanke klopft und ihn dann vom Platz schickt – der Hund hört aufs Wort – bekommt Kai einen Schweißausbruch. Denn der mit Sabber überzogene Ball ist kein normaler Ball: Auf dem weißen Filz steht der Name eines schwedischen Ausnahmetalents.

33

Mr B bekommt nicht mit, dass Kai mit einer mittleren Panikattacke kämpft. Genauso wenig bemerkt er, was genau sein Hündchen da vorbeigebracht hat. Kai hat keine Ahnung, ob es sich um die Fälschung handelt oder das Original. Es spielt zum jetzigen Zeitpunkt auch keine große Rolle. Wichtig ist nur, dass Mr B den Ball nicht entdeckt – dann wäre alles vorbei. Allerdings könnte genau das jeden Augenblick passieren. Da steckt Mr B seine Hand schon wieder in den Eimer. Kai hält die Luft an.

Es war knapp, verdammt knapp: Aber als Mr B seine Hand aus dem Eimer zieht, liegt der Ball der Bälle immer noch darin. Mr B legt einen Mörderaufschlag hin. Kai sieht nicht einmal auf, sein Blick ist fest auf den Hans-Åke-Ball gerichtet. Als könne er die verräterische Signatur durch sein Starren ausradieren. Oder, besser noch, den Ball an einen anderen Ort teleportieren. Da greift Mr B schon wieder zu. Kai atmet erleichtert aus. Glück gehabt, ein zweites Mal. Die Frage ist, wie lange das so bleibt …

Endlich gelingt es Kai, sich aus seiner Erstarrung zu lösen. Er schnellt regelrecht nach vorn und greift sich den Hans-Åke-Ball aus dem Eimer. Mr B nimmt die plötzliche Initiative mit einem anerkennenden Nicken zur Kenntnis.

»Hab schon darauf gewartet!«, sagt er. Ehe Kai protestieren kann, hat er ihm schon seinen Schläger in die

Hand gedrückt. »Dann zeig mal, was du draufhast!«

Es klingt wie ein Befehl. Wahrscheinlich ist es auch einer. Mr B hat eine Ausstrahlung, die Widerspruch verdammt schwer macht.

Mit langsamen Schritten geht Kai zur Grundlinie, atmet einmal tief durch. Dann wirft er den Ball in die Luft und … haut ihn voll ins Netz.

»Autsch!«, macht Mr B.

Kai verzieht das Gesicht. Wahrscheinlich sollte er froh sein, dass er überhaupt getroffen hat. Sonst wäre der Ball ein paarmal aufgeprallt und vielleicht Mr B vor die Füße gerollt. Wenigstens befindet sich der Ball jetzt in sicherem Abstand. Wo Kai ihn unbemerkt in seiner Hosentasche verschwinden lassen kann, sobald er ein weiteres Mal auf Sammeltour geht. Er will gerade nach dem Eimer greifen, da hält Mr B ihn an der Schulter fest. So fest, dass es wehtut.

»Du hast von dem Spiel keine Ahnung«, sagt er.

34

Es ist keine Frage. Es ist eine Feststellung. Kai beißt sich auf die Unterlippe, während Mr B ihn mit ausdruckslosem Gesicht ansieht. Es ist völlig unklar, ob er sich amüsiert oder ob er kurz davor ist, Kai in der Luft zu zerreißen.

Kai nickt vorsichtig. Bestreiten ist sowieso zwecklos. Er weiß selbst, dass er den Schläger gehalten hat wie eine Bratpfanne. Dass er damit herumgefuchtelt hat, als wolle er rohe Eier in der Luft zerdeppern. Genau genommen war das auch nicht anders zu erwarten. Aber was hätte er sonst tun sollen? Und davon mal abgesehen: Was macht dieser Scheißball überhaupt hier auf dem Platz? Das hat eindeutig jemand anderes verbockt!

»Was machst du hier?«, fragt Mr B. Er lächelt, aber seine Augen sind eiskalt. Kai schluckt, denn auf einmal überkommt ihn die Gewissheit: Dieser Typ ist nicht nur unangenehm, sondern auch unberechenbar.

»Andy … äh, Andy hatte befürchtet, dass er seinen Job verliert, wenn er keine Vertretung schickt«, beginnt Kai. »Also hat er mich gefragt.«

»Einen Typen, der noch nie im Leben einen Tennisschläger in der Hand hatte?«

Kai weiß, dass es der falsche Zeitpunkt ist, sein Gegenüber darauf aufmerksam zu machen, dass er durchaus schon einmal einen Tennisschläger in der Hand hatte – aber eben leider mit wenig Erfolg.

»Ich mache Leichtathletik«, sagt er nur. Als würde das irgendwas erklären.

Mr B hat die Augenbrauen zusammengezogen, sein rechter Mundwinkel zuckt bedrohlich. Offenbar gibt er sich alle Mühe, die Beherrschung nicht zu verlieren. Kai zwingt sich, ruhig zu atmen. Es würde ihn nicht wundern, wenn er gleich eine gescheuert bekommt.

Da ist der Moment so plötzlich vorbei, wie er gekommen ist. Und das nur, weil Mr Bs Handy klingelt.

»Glück gehabt«, murmelt er, während er einen schnellen Blick auf sein Handy wirft und den Anruf direkt wegdrückt. Dann wendet er sich wieder Kai zu.

»Du sammelst jetzt die Bälle ein und ziehst den Platz ab.« Er hält inne. »Weißt du, wie man einen Platz abzieht?«

Kai beeilt sich zu nicken. Er hat keine Ahnung, wovon der Mann redet.

»Gut. Danach verschwindest du von hier.«

Kai nickt wieder. Mr B scheint zufrieden.

»Komm, Süße, wir gehen«, ruft er seinem Hund zu, ohne Kai auch nur noch eines Blickes zu würdigen. Mit großen Schritten schreitet Mr B über den frisch gemähten Rasen zur Villa. Viel zu früh. Und Kai kann wegen seines Scheißakkus die anderen nicht mal warnen. Also tut er das, was er tun kann: Er joggt zum Netz und schiebt sich einen ganz bestimmten Ball tief in die Hosentasche. Und dann macht er, dass er wegkommt.

35

Endlich bekommt Wanda Verstärkung. Gemeinsam mit Desiree und Lynn drückt sie sich in das Gestrüpp auf dem Bauplatz gegenüber der Villa. Denn die Gärtner haben Feierabend gemacht, ihr Transporter bietet keine Deckung mehr. Gemeinsam überlegen sie, wie sie Schulze befreien können. Es steht außer Frage, dass seine Rettung Priorität hat. Erst kommt Schulze, dann der Ball. »Mit einem längeren Schraubendreher kann ich das Fenster vielleicht aufhebeln«, denkt Lynn laut nach.

Wanda schüttelt den Kopf. »Keine Chance«, sagt sie. »Das Haus ist eine verdammte Festung. Da kommt keiner rein. Wir müssen uns was anderes einfallen lassen.« Wanda beißt sich auf die Unterlippe. »Und zwar in der nächsten Viertelstunde. Nach dem Tennistraining nimmt Mr B im Bad neben dem Arbeitszimmer eine schöne heiße Dusche. Und dann setzt er sich noch eine Runde an den Schreibtisch.«

Lynn und Desiree wundern sich längst nicht mehr, dass Wanda alles so gut recherchiert hat. Stattdessen zerbrechen sie sich den Kopf darüber, wie sie bekommen, was sie jetzt am nötigsten brauchen: mehr Zeit.

»Kann Kai sein Training nicht einfach verlängern?«, schlägt Lynn vor.

Sie hat noch nicht ausgesprochen, da kommt Kai auch schon um die Ecke gejoggt.

»Vorbei«, keucht er. »Die Stunde ist vorbei.«

36

Kai liegt mit geschlossenen Augen flach auf dem Boden. Erst jetzt merkt er, unter welcher Anspannung er die ganze Zeit gestanden hat. Er drückt die rechte Hand gegen seine Brust. Sein Herz pocht wie verrückt.

»Geht's vielleicht noch ein bisschen dramatischer?«, murmelt Desiree.

»Wie bitte?« Kai schlägt seine Augen auf und funkelt Desiree böse an. »Wer hat sich denn gerade auf dem Platz den Arsch aufgerissen? Und eine Stunde mit dem unangenehmsten Typen der Welt verbracht?«

»Es war keine Stunde«, murmelt Desiree.

»Dein Ernst?«, ruft Kai. »Ihr habt es ja nicht mal hingekriegt, auf den verdammten Ball aufzupassen!«

Kai zieht den Tennisball aus seiner Hosentasche. Anklagend hält er ihn in die Luft.

Lynn und Desiree saugen scharf die Luft ein.

»So sehen also 30.000 Euro aus«, murmelt Desiree.

Kai blinzelt. Es dauert einen Moment, bis er realisiert, was er da in der Hand hält. Den echten Ball. Heilige Scheiße.

»Nimm du ihn«, murmelt er, richtet sich auf und drückt Wanda den Ball in die Hand. Das ist ihm entschieden zu viel Verantwortung.

»Das war es dann, oder?«, sagt Kai so langsam, als könne er es noch nicht ganz fassen. »Lief zwar anders als geplant, aber: Wir haben es geschafft!«

Wanda seufzt.

»Es gibt da leider ein kleines Problem«, sagt sie. »Schulze ist noch im Arbeitszimmer.«

»What?«, ruft Kai. »Aber warum? Weil es da so kuschelig ist, oder was?«

Desiree schnaubt. »Er ist da eingesperrt, Mann!«

»Eingesperrt?«, wiederholt Kai fassungslos. »Wer hat ihn da eingesperrt?«

»Was spielt das denn bitte für eine Rolle!« Lynn ist auf einmal ziemlich aufgebracht. »Wir müssen ihm helfen, der hat bestimmt Schiss.«

Das sieht Wanda genauso. Sie schickt Schulze eine Nachricht, um ihn über den aktuellen Stand der Dinge zu informieren. Und um ihm zu raten, sich vorerst versteckt zu halten. Schulze, den in Anbetracht seiner Situation eine fast unheimliche Gelassenheit überkommen hat, steigt brav in einen Einbauschrank und ist fürs Erste gut verborgen hinter einem Hausmantel aus Satin. Wanda hingegen wird immer nervöser. Schließlich hat sie Schulze ihr Wort gegeben, ihn nicht im Stich lassen. Wenn ihnen nicht bald gemeinschaftlich etwas einfällt, wird sie allein in die Villa marschieren und ihn da rausholen. Egal, was dann passiert. Versprochen ist versprochen.

37

Vorerst hofft Wanda allerdings auf einen rettenden Einfall. Irgendeinen Geistesblitz. Sie bräuchte den Meister und seine Fachkenntnisse in Sachen Tricksereien.

»Ich ruf den Meister an«, verkündet Wanda. »Vielleicht hat er eine Idee.«

»Wo steckt der eigentlich?«, will Kai wissen. »Jetzt sagt bitte nicht, der ist auch im Arbeitszimmer.«

Desiree schnaubt schon wieder. Das kann sie wirklich gut.

»Sag mal, hast du denn gar nichts mitgekriegt?«

»Nee«, erwidert Kai unbekümmert. »Mein Akku ist alle. Außerdem war ich ja damit beschäftigt, mit dem Herrn des Hauses Tennis zu spielen, schon vergessen? Und das war übrigens nicht ohne: Ich glaube, der Typ hat Spaß daran, wenn andere leiden.«

Dazu ließe sich vieles sagen, aber Wanda beherrscht sich und kommt auf Kais Ausgangsfrage zurück.

»Der Meister ist in der Villa.«

»Und zwar mit Doppel-s«, ergänzt Desiree.

Die anderen werfen ihr einen mehr als verständnislosen Blick zu.

»Was? Er isst in der Villa.« Desiree zuckt mit den Schultern. »Er hat doch geschrieben, dass er sich mit der Haushälterin die Muffins gönnt.«

»Oh, wunderbar.« Kai verzieht den Mund. »Ein Wortspiel. Genau das, was wir jetzt brauchen!«

Wanda ist sich mittlerweile ziemlich sicher, dass Schulze zumindest aus dem Arbeitszimmer flüchten kann – wenn er das Zeitfenster richtig nutzt. Anders gesagt: In dem Moment, in dem Mr B das Arbeitszimmer betritt, um zum angrenzenden Bad zu gelangen, muss Schulze sich gut versteckt halten. Sobald Mr B aber unter der Dusche steht, kann Schulze sich aus dem Zimmer schleichen. Die entscheidende Frage lautet allerdings: Wie geht es dann weiter? Die Fenster sind auch im Erdgeschoss standardmäßig verriegelt, genauso wie die Haustür und mittlerweile auch der verdammte Wintergarten.

Wanda bleibt dabei: Sie muss mit dem Meister sprechen. Aus irgendeinem Grund weiß sie, dass er ihr weiterhelfen wird. Und sei es erst mal nur, indem er ihr zuhört. Und um dann an der richtigen Stelle den richtigen Spruch zu bringen.

38

Der Meister hebt ab und der erste Satz, den Wanda sagt, ist: »Hier ist deine Mutter!«

Der Meister versteht sofort.

»Oh, Mama, hallo!«

Er gibt Gabi ein Zeichen, dass er kurz sprechen muss. Woraufhin sie verständnisvoll nickt und sich mit der Teetasse in der Hand zurücklehnt. Dass ihre Ohren gespitzt sind, steht außer Frage.

»Ich bin gerade bei den Nachbarn, Mama. Die haben genau so eine Küche, wie du immer wolltest!«

»Schulze ist oben eingesperrt, hast du das gelesen? Ich hab es vorhin in den Chat geschrieben.«

»Ja, Mama, ich weiß.«

»Aber ich habe schon eine Idee, wie wir ihn aus dem Arbeitszimmer rauskriegen.«

»Das freut mich, Mama.«

»Ich glaube, du übertreibst ein bisschen mit dem Mama.«

»Da könntest du recht haben, Mama.«

Wanda seufzt.

»Das Problem ist, wie es dann weitergeht. Schulze kann die Haushälterin wohl kaum bitten, ihm mal eben kurz aufzuschließen.«

»Du, Mama«, sagt der Meister. »Das Haus würde dir gefallen! Hier gibt es einen Lieferanteneingang. Von außen braucht man einen Schlüssel, aber innen kann man die Tür einfach aufdrücken. Ich schätze, das ist wahrscheinlich eine Fluchttür.«

Der Meister wirft einen fragenden Blick zu Gabi, die bestätigend nickt.

Wanda schlägt sich gegen die Stirn. Der Lieferanteneingang, natürlich! Dass sie daran nicht gedacht hat. Genauso machen sie es!

»Du bist der Beste, weißt du das?«

»Ich hab dich auch lieb, Mamilein.«

Der Meister legt auf und schenkt der Haushälterin sein schönstes Lächeln.

»Meine Mutter ist Architektin«, sagt er. »Sie interessiert sich für solche Details. Treppen, Türen, Armaturen.«

»Armaturen?«

Gabi sieht ihn überrascht an.

»Dafür ganz besonders. Die falsche Armatur kann ein komplettes Bad ruinieren«, sagt der Meister und hält seine Tasse hoch. »Könnte ich vielleicht noch einen letzten Schluck haben? Wir haben uns noch gar nicht über die Königsfamilie unterhalten!«

39

Schulze hockt im Dunkeln und spielt Candy Crush. Schon seit einer ganzen Weile. Was soll er auch sonst tun? Es lenkt ihn ab, grellbunte Süßigkeiten in die richtige Reihenfolge zu bringen. Da erscheint auf einmal Wandas Gesicht auf dem Display. Sie hat echt Nerven, direkt anzurufen! Zum Glück hat er sein Handy auf lautlos gestellt. Kaum nimmt er das Gespräch an, legt Wanda los.

»Hör zu«, sagt sie. »Mr B wird jeden Moment zu dir kommen, um nebenan zu duschen. Klingt furchtbar, ist aber super. Denn in dem Moment kannst du abhauen. Verstanden?«

»Verstanden«, flüstert Schulze.

»Der Meister sorgt dafür, dass die Haushälterin die Küche nicht verlässt. Das heißt, du nimmst die Treppe nach unten, gehst aber an der Haustür vorbei, weiter den schmalen Gang entlang, wo die ganzen Familienportraits hängen. Du nimmst die zweite Tür links, dann landest du in einem Lagerraum. Und die Tür, die davon abgeht, führt dich nach draußen. Das ist der Lieferanteneingang. Ich schick dir eine Skizze aufs Handy.«

»Okay«, flüstert Schulze fast tonlos. »Ich glaube, er kommt schon.«

Tatsächlich, vor dem Zimmer sind leise Schritte zu hören. Schulze drückt den Anruf weg. Von seiner Gelassenheit ist nichts mehr zu spüren. Schulze schließt die Augen und zwingt sich, an etwas Schönes zu denken. Das Schönste, das ihm einfällt, ist die Sachbeschädigung, bei der er kürzlich Schmiere gestanden hat. Beziehungsweise die Person, die sie begangen hat. Schulze schiebt seine Hand in die Hosentasche und hält sich an dem zusammengefalteten Papier fest. An dem Text, den er selbst geschrieben hat und den er bald schon vorlesen wird.

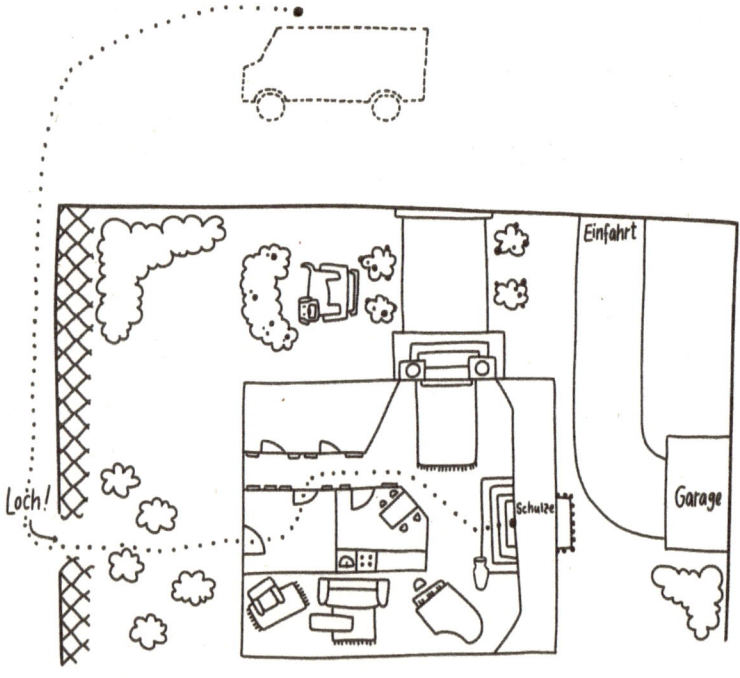

Es ist, als würde Schulzes Existenz nur noch von Geräuschen abhängen. Zuerst ist da das Klacken eines Schlüssels, dann das Knarren der Tür. Es folgen weitere

Schritte, offenbar barfuß, erst auf Parkett, dann auf Fliesen. Schließlich, gedämpfter: Kleidergeraschel, die Toilettenspülung und endlich das Rauschen der Dusche. Schulze legt die Hand von innen gegen die Schranktür und will sie gerade aufdrücken, da sind auf einmal wieder Schritte zu hören. Schulze erstarrt. Schnell, viel zu schnell kommen die Schritte näher. Im nächsten Augenblick wird auch schon die Schranktür aufgezogen. Schulze, der sich an die Schrankwand presst, sieht ein nacktes, haariges Paar Beine. Da geht Schulze ein Licht auf. Er weiß jetzt, was los ist: Der Typ hat etwas vergessen. Und er kann sich auch denken, was. Schulze holt tief Luft und setzt alles auf eine Karte. Er greift den Bügel, an dem der Hausmantel hängt, und reicht ihn nach draußen. Es funktioniert! Zu seiner großen Verwunderung funktioniert es tatsächlich. Keine Sekunde später ist Mr B wieder im Badezimmer verschwunden. Den Geräuschen nach duscht er jetzt wirklich. Rauschen ist zu hören, außerdem schiefes Singen. Schulze atmet ein letztes Mal tief durch, dann macht er sich auf den Weg.

40

Gut möglich, dass das die erste Sache ist, die heute einfach glattläuft. Schulze eilt die übertrieben große Treppe herunter und rennt weiter über den schmalen Flur. Weder wird er aufgehalten noch erwischt. Er macht bei seiner Flucht nicht einmal sonderlich viel Lärm. Zugegeben, einmal kommt er ins Stolpern, weil er mehr auf die Porträts an der Wand als auf den Weg vor sich achtet. Aber er fängt sich wieder, geht durch den Lagerraum, drückt die Lieferantentür auf und dann steht er auch schon im Freien. Er zwängt sich durch das Loch im Zaun, rennt auf die andere Straßenseite und weiter in den Park, zum Pavillon, wo die anderen – ganz planmäßig – schon auf ihn warten.

Zehn Minuten später, nachdem er eine Entwarnung aufs Handy bekommen und Gabi mit gekreuzten Fingern versprochen hat, bald wieder vorbeizuschauen, verlässt auch der Meister die Villa.

41

Als sie alle sechs wieder im Pavillon vereint sind, gibt es kein Halten mehr. Sie jubeln gleichzeitig los.

»Heilige Scheiße«, sagt Desiree mit einem fetten Grinsen im Gesicht. »Hei-li-ge Scheiße, wir haben es geschafft.«

»Das kannst du laut sagen«, meint Kai.

»WIR HABEN ES GESCHAFFT!«, brüllt Desiree so dröhnend, dass sich alle hastig die Ohren zuhalten, um dann gleichzeitig in albernes Kichern auszubrechen. Das ist der Stress, der von ihnen abfällt. In Kombination mit dem berauschenden Gefühl, soeben schier Unfassbares geleistet zu haben.

»Ich glaub's nicht«, murmelt der Meister. »Obwohl ich den Scheißball in meiner Scheißhand halte, glaub ich es einfach nicht.« Er sieht auf. »Kann mich mal bitte einer kneifen?« Der Aufforderung kommt Lynn nur allzu gern nach. Während sie ihrem Ex-Freund in die linke Schulter zwickt, knöpft Schulze sich seine rechte vor. Allerdings nicht so fest, wie es den Anschein macht. Und zweifelsfrei weitaus weniger heftig, als Pierre zugeschlagen hätte. (Was ist es für ein unfassbar befreiendes Gefühl, dass er endlich seine Schulden abbezahlen kann.)

»Danke«, stöhnt der Meister und reibt sich mit übertrieben schmerzverzogenem Blick beide Stellen. »Das habe ich echt gebraucht.«

»Jederzeit«, sagt Schulze, was ihm ein »Nice« von Kai einbringt.

Irgendjemand kommt auf die bescheuerte Idee, dass Wanda doch eine Rede halten könnte. Nichts Aufregendes, nur ein paar Worte. Doch selbst dafür ist die Strategin jetzt zu erschöpft, weshalb der Meister einspringt. Und er macht das so gut, dass hier und da tatsächlich ein paar Tränchen verdrückt werden.

Lynn, die mit Desirees Edding gerade noch die Idee für ihr nächstes Kunstwerk skizziert hat, schlägt vor, dass Desiree ihnen allen mit genau diesem Stift ein identisches Tattoo verpasst – als Zeichen ihres Zusammenhalts. Ein Vorschlag, der auf allgemeine Begeisterung stößt. Vor allem bei Desiree, die sich zwar Mühe gibt, es sich nicht anmerken zu lassen, aber dabei so grandios scheitert, dass es auch wieder egal ist. Immer wieder muss Desiree den Stift absetzen, weil alle laut losprusten, wenn Kai von seinem Auftritt als Tennistrainer berichtet. Das tut er mit viel Witz und überraschender Selbstironie, weshalb die anderen gar nicht genug kriegen können. Und da denkt er, dass er in dieser Runde vielleicht niemandem etwas vormachen muss.

Schulze wiederum entscheidet sich dagegen, seinen vorbereiteten Text laut vorzutragen. Wem wollte er damit überhaupt etwas beweisen? Lynn hält ihn so oder so nicht mehr für unsichtbar. Jedenfalls drückt Schulze ihr seinen Zettel einfach so in die Hand. Und wenn sie sein Gedicht gelesen hat, wird er ihr sagen, dass er es sich überlegt hat. Er möchte gern Tim sein. Zumindest bei ihr. Aber jetzt bekommt er vor lauter Aufregung erst mal eine Runde Nasenbluten, was die anderen dazu veranlasst, ihn mit wohlgemeinten Tipps zu überhäufen. Weswegen Kai und der Meister sich prompt in die Haare kriegen, weil der eine für Kopf in den Nacken legen plädiert, während der andere sagt, das sei mit Abstand ja wohl das Blödeste, was man in so einer Situation tun kann. Und Schulze? Der sitzt zwischen ihnen, mit einem glücklichen Lächeln im blutverschmierten Gesicht. Denn Wandas Team wäre nicht Wandas Team, wenn sich die Mitglieder nicht weiter in die Haare kriegen würden. Aber sie machen noch etwas anderes: Sie passen aufeinander auf.

EINE GUTE WOCHE SPÄTER war der Ball verhökert.

Ganze 32.000 brachte er ein – 6.400 für jeden. Denn was immer Wanda wollte: Geld war es nicht. Sie wollte keinen verdammten Cent. Zugegebenermaßen wäre es auch ziemlich schwierig gewesen, Wanda ihren Anteil zukommen zu lassen.

Denn Wanda war auf einmal weg. Wie vom Erdboden verschluckt. Sie tauchte nicht in der Schule auf, war über ihr Handy nicht zu kriegen und bei ihr zu Hause aufzulaufen, war auch keine Option, weil ja niemand wusste, wo das überhaupt war. Da dämmerte ihnen so langsam, dass sie generell sehr wenig von Wanda wussten. Der Meister fragte bei der D-Rex nach, aber die versteckte sich hinter der verdammten Datenschutzverordnung. Leider könne sie keinerlei Auskunft über Ehemalige geben. Allerdings sei es bei gewissen Problemen durchaus üblich, dass Schülerinnen und Schüler in »umfassendere Lehranstalten« geschickt würden. Was das hieß, daran gab es keinen Zweifel: Internat.

Und da war er dann – Schulzes großer Moment.

»Also ist er Wanda doch auf die Schliche gekommen«, sagte er.

»Wer?«

»Na, ihr Vater.«

Aus seiner Hosentasche zog Schulze ein zerknittertes Foto hervor. Darauf: zwei Menschen vor einem üppig geschmückten Weihnachtsbaum. Kai, der als Einziger direkt mit Mr B zu tun hatte, erkannte seine verkniffenen Gesichtszüge sofort. Aber Wanda wirkte auf dem

Bild total anders. Jünger, klar, aber vor allem braver, eingeschüchtert und irgendwie … beschwert. Wobei, wer genau hinsah, bemerkte auch da schon ihren entschlossenen Blick.

Natürlich waren sie fassungslos, allesamt. Anfangs taten sie noch so, als hätten sie zumindest etwas geahnt. Doch das hielten sie nicht lange durch.

»Dir ist das schon eine Weile klar?«, wollte Lynn von Schulze wissen.

»Euch nicht?«

Schulze sah ehrlich überrascht aus.

»Ich dachte, es sagt nur keiner was, weil –«

»Weil was?«, hakte Kai nach.

»Weil es besser ist zu warten, bis Wanda uns selbst sagt, was Sache ist. Und was sie eigentlich will.«

Genau das tat sie dann Wochen später. Da kam dann der Brief an. Darin entschuldigte und bedankte Wanda sich quasi in einem Atemzug. Außerdem betonte sie, wie sehr sich alles gelohnt hatte – weil sie ihrem Vater nun mehr als deutlich gezeigt hatte, was sie draufhat. Sie hatte ein für alle Mal klargemacht, dass sie zurückschlagen kann – auf ihre Art und Weise. Ganz nach dem Motto: Warum einfach, wenn es auch kompliziert geht? Sie erwähnte keine Details, aber es wurde auch so klar: Wandas Vater war als solcher eine ziemliche Niete und hatte es echt nicht anders verdient. Dass er Wanda als Konsequenz ins Internat verfrachtet hatte, schien sie nicht im Geringsten zu stören.

Das Wichtigste war, dass die fünf jetzt wussten: Wanda geht es gut. Von da an konnten sie sich wieder anderen Themen widmen. Auf einmal diskutierten sie darüber, ob eine Skulptur aus Schrott als Konsumkritik taugte, was der beste Kartentrick war, wo es günstiges Zeichenmaterial gab und welche Herausforderungen Hochleistungssport oder verschiedene Familienkonstellationen so mit sich brachten. Ach, und über Hundewelpen sprachen sie natürlich auch. Das Übliche eben.

Und ganz vielleicht schöpften sie auch ein kleines bisschen Hoffnung, dass Wanda irgendwann zurückkehren und sie einen neuen Coup landen würden.

Mit so ein paar Tausend kommt man schließlich nicht weit.

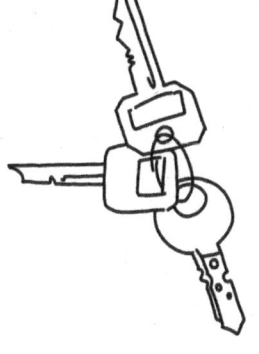

LENA HACH wurde 1982 in Hessen geboren. Sie besuchte eine Schule für Clowns, studierte anschließend Anglistik, Germanistik und Kreatives Schreiben. Sie arbeitete zunächst als Journalistin und widmete sich dann der Kinder- und Jugendliteratur. Inzwischen sind zahlreiche Bücher von Lena Hach bei Mixtvision erschienen, beispielsweise die Kinderreihen »Der verrückte Erfinderschuppen« und »Mission Hollercamp«. Ihre Bücher wurden vielfach ausgezeichnet, zuletzt mit dem Leipziger Lesekompass 2019 für das Jugendbuch »Grüne Gurken«.

Die Autorin bedankt sich bei Alexandra Koch und Marius Schaefers für das wunderbare Sensitivity Reading, bei Pao-Kuang für all die beantworteten Fragen und bei Jacob für die Begeisterung und die Ideen.